Une prison de femmes
L'histoire des mouvements féministes aux États-Unis

Thérèse Bentzon

Une prison de femmes

La condition de la femme et l'histoire des mouvements féministes aux États-Unis

Volume 2

Editions Le Mono

Collection «*Les Pages de l'Histoire* »

Connaître le passé peut servir de guide au présent et à l'avenir.

© Editions Le Mono

ISBN : 978-2-36659-233-7
EAN : 9782366592337

Thérèse Bentzon fut journaliste et romancière française dont les publications sur la vie des femmes aux Etats-Unis ont connu un grand succès littéraire.

Ce livre fait suite au premier tome intitulé : *La condition de la femme et l'histoire des mouvements féministes aux États-Unis - Vol.1,* publié dans cette même collection.

Chapitre I
Une prison de femmes – Homes et Clubs d'ouvrières – La vie domestique – Les écoles industrielles – Institut agricole de Hampton : nègres et négresses

I. Une prison de femmes - Sherborn

Il me semble que tout ce que j'ai dit de Boston[1] serait incomplet si je n'y joignais mes impressions sur la prison de Sherborn, prison de femmes, conduite et surveillée uniquement par des femmes. Mrs Ellen Johnson a prouvé depuis dix ans, elle prouve chaque jour ce que peut la volonté patiente sur les êtres les plus dégradés. Elle est chargée de l'administration financière de la prison aussi bien que de la direction morale et matérielle, tout passe par ses mains, et elle donne raison au régime de l'autocratie. Son *reformatory modèle* a l'avantage d'être en pleine campagne, quoique situé à une heure tout au plus de Boston; les grandes cultures environnantes l'isolent complètement. Nous traversons des champs encore jolis sous la neige qui les couvre, un pays onduleux, formé par des

---

[1] Voir le premier tome : *La condition de la femme et l'histoire des mouvements féministes aux États-Unis- Vol.1.*

collines boisées. Là-bas ce vaste bâtiment Je brique rouge avec d'importantes dépendances qui semblent indiquer une grande ferme, c'est la prison, — une prison sans murs ni barrières. — précédée d'un jardin qui appartient au plus petit des deux corps de logis, séparés, bien que tout proches l'un de l'autre. Celui-ci est la demeure de la directrice, l'autre renferme les détenues, dont le nombre varie de trois à quatre cents. Aucune n'est condamnée à vie, le terme de la détention pour la plupart ne dépasse pas cinq ans; cependant il y a quelques exceptions, car on rencontre des meurtrières à Sherborn, et des infanticides et des incendiaires aussi bien que de simples vagabondes ou des ivrognes incorrigibles, — ce dernier cas malheureusement plus commun que tous les autres.

Mrs Johnson est une femme grande et forte, de cinquante-cinq ans environ, dont la physionomie ouverte et bienveillante exprime la plus calme énergie. Elle a un air de santé physique et morale très frappant : la bonté se lit dans toutes les lignes de sa figure ronde et pleine, mais on devine au premier coup d'œil que cette bonté n'a rien de sentimental et qu'aucune faiblesse ne s'y mêle. Elle ne s'appuie sur nulle autorité du dehors, et quoique la prison ait des inspecteurs, bien entendu, ceux-ci lui laissent carte blanche, appréciant sa haute compétence. Elle connaît chacune de ses pensionnaires, et l'observation de la nature humaine est poussée chez elle au suprême degré. Un trousseau de clés très fines pendu à la ceinture, elle marche devant nous, suivie de son petit chien dont les bonds et les gambades semblent ici presque déplacés par les pensées de liberté qu'ils suggèrent. D'une jolie chambre pleine de fleurs nous sommes passées dans les corridors si larges et si clairs de la prison, et la directrice nous montre son empire tout en répondant à nos questions.

Oui, elle habite le pavillon seule, absolument seule, servie par les détenues. Nous avons vu l'une d'elles, la jeune fille qui nous a ouvert la porte. Elle portait la robe d'uniforme, mais la rosette rouge attachée au corsage indique une conduite irréprochable. Ce petit bout de ruban dont Mrs Johnson a eu l'idée lui rend de grands services. Toutes les distinctions obtenues contribuent à relever le moral de ces pauvres femmes, et elle ne laisse jamais le moindre effort sans récompense, non pas simplement la stricte obéissance à la règle, mais les progrès cachés et individuels, plus importants que tout le reste. Une soumission passive ne lui suffirait pas; elle croit qu'on ne peut éveiller la conscience chez des êtres ignorants et déchus qu'en les confiant jusqu'à un certain point à eux-mêmes. Le système de la prison est fondé entièrement là-dessus.

Ainsi la robe des détenues est au premier aspect pareille pour toutes : une cotonnade à carreaux bleus et blancs; regardez bien ; ce carreau selon qu'il est plus ou moins grand, à une, deux, trois ou quatre raies, montre que l'on appartient à telle ou telle des quatre divisions. En effet, après les premières semaines d'épreuve solitaire, « la nouvelle » est mêlée à ses compagnes, et là elle trouve l'occasion de lutter sans relâche afin d'obtenir une meilleure nourriture, un peu de liberté, des privilèges quelconques; pour cela il lui faut s'élever de l'avant-dernier grade aux grades supérieurs.

Il arrive aussi qu'elle tombe au dernier. Nous allons voir, en suivant Mrs Johnson, ce que cela signifie.

Je ne crois pas que l'on puisse imaginer rien de net, de ciré, de luisant comme cette prison de Sherborn ; l'air, la lumière pénètrent à souhait; nulle part on ne respire une mauvaise odeur, une odeur quelconque; pas un grain de poussière, des cuivres étincelants, des murs lavés, blanchis, des escaliers si bien tenus qu'on les dirait tout neufs. Il nous semble circuler dans l'atmosphère pure d'un tableau d'intérieur hollandais. Cette propreté devient presque excessive et inquiétante dans la cuisine. Est-il possible que des tables si bien grattées, des ustensiles si soigneusement fourbis aient servi jamais, et d'où vient qu'aucune émanation ne se dégage des trois énormes chaudières qui sont en train de bouillir?

Mrs Johnson lève les couvercles; l'une d'elles renferme des épluchures de cacao, l'autre du gruau, la troisième une trompeuse imitation de café, ce qui dans les trois cas équivaut à de l'eau chaude ; c'est le menu ordinaire. On n'a que très peu de viande une fois par jour, dans un semblant de bouillon ; en revanche, du pain presque à discrétion coupé en minces tartines, selon l'usage américain, et très blanc. Evidemment les grosses soupes et le gros pain d'Europe nourrissent davantage.

— C'est assez, fait observer Mrs Johnson; mieux nourries, elles seraient plus difficiles à tenir, et l'état sanitaire chez nous ne laisse rien à désirer.

Suffisante ou non, cette maigre chère est très proprement servie, et ici s'affirme l'importance donnée aux habitudes décentes et respectables par tous ceux qui ont du sang anglo-saxon dans les veines. La punition des plus mauvaises est de manger dans de la vaisselle fêlée ou ébréchée. Cela fait partie de l'ingénieux système des quatre grades auquel nous initie notre visite aux quatre réfectoires. Dans le réfectoire de la dernière classe, tout est plus grossier : chacun des objets qui composent le couvert porte la trace de quelque avarie, les mets aussi représentent le rebut ; et les cellules correspondantes sont les moins commodes de la prison : fermées chacune par un rideau, elles donnent sur un couloir rigoureusement gardé. Mrs Johnson nous fait remarquer d'un air de satisfaction qu'il n'y a que neuf de ces pensionnaires déshéritées. Elles étaient tout autrement nombreuses naguère, mais par leur bonne conduite, plusieurs d'entre elles se sont élevées peu à peu jusqu'à la première division, qui permet quelques douceurs, des verres et des assiettes de choix, du thé un jour par semaine, mémo un peu de beurre. Dans les quatre divisions, la régularité du couvert est un chef-d'œuvre de minutie; pas une fourchette ne dépasse l'autre, le regard rencontre deux lignes tracées au cordeau pour ainsi dire, et la tenue à table doit être également parfaite : les pieds, les mains posés selon l'ordonnance, sans un moment d'oubli. Le succès des tentatives faites dans le fameux *reformatory* d'Elmira (Etat de New-York), où certains criminels ont été peu à peu redressés au moral par l'effet du redressement physique, forcés de marcher droit, de regarder en face, de renoncer aux mauvaises habitudes apparentes qui ne sont que le reflet des défauts cachés, — ce succès éventuel, dis-je, semble avoir été pris en grande considération par Mrs Johnson. Elle croit qu'une tenue convenable doit être regardée comme un symptôme de bon augure, indiquant le retour d'un certain empire sur soi-même, et elle punit par conséquent le moindre manque de décorum. Mais ces punitions n'ont rien de très sévère. La délinquante est reléguée dans une cellule spéciale, plus nue que les autres, avec une porte grillée; pour les fautes graves il y a le cachot, un cabinet noir dans le sous-sol, où l'on n'a pour lit que le plancher, pour nourriture que du pain et de l'eau. Plusieurs cachots existaient autrefois, Mrs Johnson a pu les fermer tous, sauf un seul, et il est presque hors d'usage depuis un an ou deux. Souvent elle est allée y tenir compagnie à quelque malheureuse que la peur jetait dans dès crises d'hystérie, l'exhorter doucement, la décider à demander pardon; ou, si elle s'obstinait, lui porter des couvertures pour la garantir contre le froid de la nuit. Sauf ces cas extraordinaires, les punitions et les récompenses sont toujours les mêmes : montée ou descente d'une division à l'autre. La première division constitue ainsi une élite.

Dans les corridors nous rencontrons une jeune femme qui passe, un livre sous le bras, décorée du petit ruban rouge.

La directrice lui frappe affectueusement sur l'épaule : « Voici une très bonne fille, dit-elle. Pour rien au monde elle ne voudrait perdre ce ruban-là. N'est-ce pas? — Et elle l'interpellait par son nom de baptême. — C'est que, si l'on a une fois mérité de le perdre, on ne le regagne jamais, quoi qu'on fasse,» expliqua Mrs Johnson en se tournant vers nous.

Nous pénétrons dans les ateliers de repassage, de couture, de raccommodage. Chaque détenue sort de prison avec un état qui lui permet, si elle veut, de gagner honnêtement sa vie. En outre, celles qui ne savent pas lire ont tous les soirs une classe obligatoire de lecture et d'écriture ; les autres sont libres d'assister à la classe d'histoire et de géographie. Une bibliothèque est à leur disposition, et le livre le plus recherché paraît être cette œuvre de pitié, la Case de l'oncle Tom. Elles peuvent emporter des livres aux heures de récréation, très courtes et très surveillées. Tout ce qui les empêche de causer entre elles est considéré comme un préservatif. En une demi-heure d'entretien, on revient sur le passé, on échange trop de confidences, on s'exalte, le bien acquis durant des semaines, des mois, peut être perdu. Cette demi-heure funeste qui est seule accordée au trop féminin besoin de causer, Mrs Johnson aspire à la supprimer; elle cherche le moyen de la remplir par quelques amusements qui imposent le silence par de la musique ou par la visite de bonnes âmes venues du dehors. Mais le choix des visiteuses est encore chose délicate : il ne faut pas de personnes impressionnables, disposées à l'attendrissement, ni de curieuses qui prennent plaisir à entendre raconter des histoires. Mrs Johnson ne veut connaître l'histoire d'aucune prisonnière ; elle se défend ce genre d'intérêt trop facile, les prend au point où elle les trouve. En se laissant aller à une sensibilité morbide, on ne fait pas de bien à ces déséquilibrées : les figures que je vois dans les ateliers ressemblent à celles des malades de la Salpêtrière. Elles sont assises, le dos tourné à la porte pour éviter les distractions, et ne se retournent guère quand nous entrons; j'aperçois cependant des traits veules, des yeux mornes, des physionomies brutales ou ineptes. Toutes sont proprement coiffées, les cheveux roulés en nattes; mais le seul joli visage est le minois farouche d'une très jeune mulâtresse.

Les dos qui m'apparaissent en longues rangées expriment je ne sais quel laisser aller significatif. Ces ateliers, admirablement ventilés et chauffés à la vapeur comme toute la maison, n'exhalent pas plus que les autres pièces l'odeur fade et désagréable des ateliers en général, ne fussent-ils pas ateliers de prison. Les détenues sont contraintes à une scrupuleuse propreté. Chaque cellule renferme les engins de lavage nécessaires, avec un petit lit, une chaise, une Bible et le règlement accroché au mur; très souvent un rosaire. Les quatre cinquièmes des habitantes de Sherborn sont catholiques en effet, des Irlandaises, et celles-là seules conservent quelque religion; plusieurs même, très pieuses, communient régulièrement le dimanche dans la chapelle où les deux cultes sont célébrés l'un après l'autre. Tombées à ce degré, au contraire, les protestantes ne croient à rien. N'y a-t-il pas lieu de considérer cette différence? Même Évangile cependant, mêmes exemples de la Cananéenne et du publicain, de Marie-Madeleine et du larron ; et le désespoir pour les unes, la confiance impérissable chez les autres. Le protestantisme est décidément la fière religion de ceux qui n'ont jamais failli.

La décoration de la chapelle où le proche succède à la messe paraît dédiée aux catholiques. Au-dessus de l'estrade, devant laquelle se tient l'assistance, on voit une figure de la Vierge entre deux tableaux : d'un côté le Christ disant à la femme adultère : «Ne péchez plus»; de l'autre l'enfant Jésus dans la crèche, entouré de misérables qui remplissent une sorte de caverne au fond de laquelle brille une lumière, avec cette inscription : «Un petit enfant vous conduira. »

Une dame des environs vient souvent toucher de l'orgue et ravir ces créatures impressionnables en leur parlant ainsi le langage qu'elles peuvent le mieux comprendre, celui qui touche à la fois les sens et l'âme. Sous beaucoup de rapports, cette jeune femme, artiste et riche, est l'active collaboratrice de Mrs Johnson.

D'autres personnes charitables ont contribué à embellir la salle de récréation, qui ne s'ouvre qu'à certains jours de fête, décorée, comme une serre, de plantes, de fleurs et de feuillages où voltigent des oiseaux apprivoisés. On y trouve toute sorte de jeux, des images; une représentation théâtrale y est parfois donnée par les prisonnières qui fabriquent leurs costumes avec l'aide des matrones. Quelques-unes y apportent beaucoup d'entrain et même d'intelligence ; mais ce qui les amuse par-dessus tout, c'est le travail des champs auquel donne droit une bonne conduite soutenue. On s'en va par escouades et en silence faire de l'herbe, arracher des pommes de terre. Rien n'est plus sain, plus fortifiant que le contact avec la terre; aussi Mrs Johnson s'efforce-t-elle de placer dans les fermes non pas seulement ses libérées, mais les filles dont elle croit pouvoir répondre avant qu'elles n'aient fini leur temps. Il est si difficile de se procurer des *helps* (auxiliaires); que les demandes affluent à Sherborn au point qu'on n'y peut suffire. Envoyées dans des campagnes lointaines où elles vivent en rapports quotidiens avec de braves gens simples et rudes qui n'ont pas d'autres domestiques, les pécheresses se reprennent peu à peu à la vie de famille, à de bonnes habitudes; plusieurs se sont réhabilitées ainsi jusqu'à oublier leur passé honteux.

— Il ne s'agit, me dit Mrs Johnson, que de réussir à leur inspirer un goût très vif, une passion qui tourne d'un côté avouable. Vous n'imaginez pas de quelle utilité me sont les animaux pour cela. Je les ai mises à élever des vers à soie ; je les occupe à l'étable; une fois j'ai eu l'idée de donner comme récompense à chacune un petit poussin. Ce qu'elles ont placé d'affection sur ce poulet qui grandissait auprès d'elles, qui était leur bien, personne ne pourrait le croire. Mais ce sont mes petits veaux qui ont accompli la plus belle conversion. Nous avions ici une endurcie qui, après avoir fait son temps, était retournée dans un mauvais lieu comme au seul endroit où elle se fût trouvée heureuse. Elle revint après de nouveaux méfaits, résolue à reprendre, dès qu'elle le pourrait, son ignoble profession pour la troisième fois. Ce fut alors que j'essayai de l'intéresser à deux veaux qui venaient de naître. Je l'envoyais jouer avec eux; elle les prit en amitié, s'attacha ensuite à la laiterie nouvellement créée, trouva ainsi sa voie. Elle est domestique dans une ferme et contente de son sort.

Mrs Johnson s'enorgueillit de sa laiterie, de l'excellent beurre qui en sort. On distrait une partie du laitage à l'intention des enfants de la maison. Il va sans dire que cette réformatrice attentive, qui sait si bien ce qu'on obtient des gens en leur donnant quelque chose à aimer, s'est servie de l'amour maternel comme d'un moyen d'action : il devrait être le plus puissant de tous si la femme ne tombait quelquefois beaucoup plus bas que la simple femelle.

Nous traversons une petite pièce où deux jeunes filles préparent des biberons et de la bouillie.

— Ceci, nous explique Mrs Johnson, est la cuisine des enfants. Nous en avons une quinzaine, tous nés dans la prison. Le règlement ne permet de les garder que dix-huit mois, mais je m'arrange pour oublier leur âge.

Malgré des déceptions réitérées, elle compte toujours que le contact de ces pauvres petits aidera leurs mères à rentrer dans le devoir; hélas ! pour la plupart d'entre elles, l'enfant n'est que le témoignage embarrassant d'une faute : elles ne l'aiment pas. On a dû retirer la permission qui leur était autrefois donnée de garder leurs enfants la nuit. Ils étaient maltraités, battus, victimes d'impulsions violentes et bestiales.

La nursery est une belle grande pièce au premier étage, ouvrant sur la campagne de tous côtés. Nous trouvons là quatorze bambins de différents âges, les uns portés dans les bras de détenues qui ne sont pas leurs mères, les autres sous la surveillance d'une matrone. Je n'ai jamais rien vu d'aussi triste : ils sont silencieux comme si déjà la règle les écrasait, et leurs pauvres figures souffreteuses expriment le sentiment vague de quelque honte. Aucun jouet ne leur est permis dans la crainte qu'ils ne se le passent les uns aux autres, car beaucoup d'entre ces produits de l'ivrognerie et du vice ont hérité de maladies contagieuses.

Trop heureux quand ils ne sont pas gangrenés au moral presque avant de naître ! Mrs Johnson parle à demi-voix d'un petit monstre qu'elle n'a pu garder tant était incurable sa précoce dépravation.

— Qu'en a-t-on fait?

Elle nie répond en se détournant : « Je n ai pas voulu le savoir, on l'a emporté à la maison des pauvres. »

Ce que pourra être l'avenir de cette épave immonde, ce qu'elle rencontrera de protection et de pitié ici-bas. N'ayant pu réussir à intéresser mémo une Mrs Johnson, à l'âge qui est supposé être celui de l'innocence, on frémit d'y penser! Cette brève et horrible histoire me poursuit comme un cauchemar.

Pendant l'été, on emmène les enfants à la promenade, mais l'hiver ils ne sortent jamais faute de vêtements chauds ; leurs petites robes de cotonnade sont l'uniforme de la prison. Ils ont en ce moment leur triste mine d'hiver, prisonniers sans distractions, trop jeunes encore pour apprendre, et négligés par leurs mères qui les réclament rarement. Il semble qu'une mère européenne conserverait des entrailles même au dernier degré de l'abjection ; la chute ici quand elle se produit, est apparemment plus complète. Mrs Johnson lutte contre tous ces mauvais instincts; elle choisit avec soin ses assistantes, ne leur laisse qu'une autorité relative. Tout repose sur elle depuis les plus hautes questions jusqu'aux moindres détails. Nous sommes conduites dans les magasins remplis de chaussures, de mercerie, d'étoffes; la directrice accueille en personne les demandes des prisonnières, les sert de ses mains. «Si l'une des femmes a besoin de souliers, nous dit-elle, je suis là pour les lui fournir, et nous causons. Je lui offre un verre de lait, je la mets en confiance. Il ne faut laisser échapper nulle occasion de rapprochement.» L'esprit évangélique est toujours le même : toucher les malades pour les guérir.

Aucun homme ne réside à Sherborn. Les matrones sont des personnes discrètes et bien élevées; le médecin, que nous allons voir dans la pharmacie, est une femme intelligente qui me semble animée par un véritable esprit de dévouement; le chapelain s'appelle miss Ettie Lee.

Cependant les portes continuent à s'ouvrir et à se refermer doucement sur notre passage, des portes qui n'ont rien de rébarbatif, mais qui sont de fer néanmoins. Nous avons achevé notre tournée. Mrs Johnson nous fait remarquer que partout est évité le système des cours étroites et closes, des hautes murailles, des précautions visibles contre une tentative d'évasion ou contre des communications avec le dehors. De toutes les fenêtres on découvre les champs, la basse-cour, mais aucun passant ne peut traverser les terres. Calme, solitude, silence, séparation du monde extérieur, saines influences de la nature, voilà les complices de Mrs Johnson. Quand elle a pris en main la direction du pénitencier de Sherborn, il y avait souvent nécessité de sévir avec rigueur; des révoltes, dos menaces, des coups de couteau se produisaient. Rien de tout cela n'existe plus. Un fait récent nous donne la mesure de l'ascendant qu'elle exerce : tandis qu'elle se rendait le soir à la chapelle, les prisonnières suivant derrière elle une longue galerie, la lumière électrique s'éteignit soudain. Ce fut un moment d'angoisse pour Mrs Johnson, seule dans l'obscurité avec plus de trois cents femmes dont quelques-unes pouvaient être animées de mauvais desseins. Sans perdre la tète cependant, elle leur enjoint de faire halte en silence et de garder l'attitude réglementaire. La lumière va revenir instantanément, dit-elle. Mais non, la lumière ne revient pas; deux, trois, quatre minutes s'écoulent, un siècle. Quand enfin la galerie fut éclairée de nouveau, les femmes étaient restées droites à leurs places, sans bouger.

Mrs Johnson raconta ce trait avec la tranquille fierté d'un général rendant justice à la discipline de ses troupes, dans le petit salon confortable et fleuri où nous étions rentrées après notre visite à la prison. La jeune détenue en robe à quadruple carreau recouverte d'un blanc tablier de femme de chambre servait le thé.

Mrs Johnson causait gaîment. Je pensais cependant à l'austérité d'une vie passée par choix dans un pareil milieu; je me sentais pleine d'admiration et de respect pour cette femme qui, demeurée veuve et sans enfants, s'est fait une grande famille de coupables, de repenties, et de déshéritées.

II.
Clubs et Homes d'ouvrières

La famille, en prenant ce mot dans le même sens large et sublime, la famille de miss Grâce Dodge est composée d'ouvrières. Son Association compte plus de mille membres féminins, que les centaines d'invitées qui s'intéressent à l'œuvre voient apparaître toutes ensemble lors des meetings annuels. Miss Dodge appartient à la ville de New-York; elle y occupe un haut rang dans l'Instruction publique (commissioner of éducation); c'est en 1884 qu'elle fonda son Association of Working Girls Societies, dans une pauvre chambre de la Dixième avenue. D'abord elle réunit autour d'elle, sans leur demander aucune cotisation, une douzaine de filles dont les journées se passaient à vendre dans les magasins ou à travailler dans les fabriques. Au bout d'un mois, elles étaient soixante, et s'engageaient à payer chacune vingt-cinq sous par semaine. La môme société a maintenant une vaste maison qu'elle paye 125 dollars (625 francs) par mois, sous-louant une partie de l'immeuble pour 85 dollars, ce qui réduit le loyer à 40 dollars largement couverts par les versements des membres. Comme dans d'autres organisations, dont j'aurai l'occasion de parler, il y a des classes de cuisine, de broderie, de couture. Il y a aussi chaque semaine des conversations pratiques, qui ont été l'un des grands moyens d'action de miss Dodge. Les sujets sont souvent très caractéristiques des mœurs américaines; par exemple : *Les amis masculins ; comment on trouve un mari ; comment on gagne de l'argent et comment on le garde, etc.* Détail admirable : au sein de cette association, devenue florissante, s'est tout de suite fondée une espèce de confrérie pour aider plus pauvre que soi.

On m'assure que l'esprit d'imitation atténue promptement dans les clubs cette extrême grossièreté qui n'est que trop habituelle chez les Américaines de la classe ouvrière, quoiqu'elles aient fréquenté les écoles publiques, preuve nouvelle qu'instruire et élever sont choses différentes. Il est bien regrettable que toutes les demoiselles de magasins de New-York ne fassent pas partie de ces clubs. Le seul mot servir, implique sans doute pour elles une honte. Plus le magasin est inférieur, plus le sentiment de légalité sociale semble agressif chez ses employées. Or le club a l'avantage de mettre en contact des personnes bien placées dans des maisons de premier ordre avec de pauvres débutantes. Les ouvrières des manufactures de jute, de soie, de papier, de tapis, de cigarettes, etc., sont mêlées à des couturières et à des employées de commerce, de la meilleure sorte; en très peu de temps l'effet contagieux de l'exemple se produit.

L'Association dont miss Dodge a été l'organisatrice a pour but d'unir, de protéger et de fortifier les intérêts des diverses sociétés d'ouvrières, créées sur le modèle de la première, en les rassemblant dans un même faisceau. Intimement jointe à ce groupe est la maison nommée, sur le rivage nord de Long Island, Holiday House. Une dame généreuse a mis cette vaste demeure avec les prairies et les bois qui l'entourent à la disposition des ouvrières que l'état de leur santé force à se reposer. Moyennant quinze francs par semaine on jouit à Holiday House de tous les bienfaits et de tous les agréments de la campagne. Les clubs font les frais du voyage ; ils ont tous des fonds pour le changement d'air, *fresh air funds*, et s'entendent d'ailleurs pour cela avec la Société des ouvrières en vacance, composée de quelques jeunes filles riches, qui, tout en parcourant le monde pour leur propre plaisir, n'oublient pas que d'autres jeunes filles, attachées à leur tâche, n'ont ni l'occasion ni le moyen de voyager. Elles s'occupent donc de découvrir à la campagne des fermes où leurs protégées trouvent à bas prix une installation suffisante; elles obtiennent des places de chemins de fer, des billets à prix réduits pour celles dont la famille demeure loin ; elles procurent dos billets gratuits d'excursion à colles qui ne peuvent prendre qu'un très court congé. Ce qui rachète le luxe effréné de New-York, c'est une dépense égale d'intelligente philanthropie. Quand n'apparaissent par exemple dans Fifth Avenue les palais des Vanderbilt, je me dis que cotte richissime famille a bien le droit de se loger royalement ayant contribué à l'abri matériel et au progrès social d'un grand nombre. Les associations chrétiennes d'hommes et de femmes n'ont pas eu de patrons plus généreux.

Au coin sud-ouest de la rue 23 sont les bâtiments de the Young Men's Christian Association, avec leur entourage de terrains réservés aux exercices athlétiques. Là, 7000 jeunes gens qui, sans ce refuge, passeraient probablement leur soirée d'une façon moins saine, trouvent dos livres, des conférences, des classes, des jeux, toutes les occasions de s'instruire et de s'amuser honnêtement. D'innombrables visiteurs s'ajoutent aux membres réguliers. Ceux-ci ne couvrent guère qu'un tiers des dépenses qui montent à cent mille dollars par an ; ce sont des amis qui l'ont le reste. De même dans la Quinzième rue les regards des passants sont frappés par une construction élégante en pierre brune où ressortent les mots : Young Women's Christian Association. J'y entre un soir; les nègres du vestibule me conduisent dans la très jolie chapelle, puis dans le vaste sitting room qui, avec ses sièges confortables, ses divans, ses tapis, a toute l'apparence d'un salon de famille. Je monte par l'ascenseur au premier étage, j'atteins la bibliothèque, les salles de lecture où l'on peut se procurer tous les journaux, tous les magazines; la jeune bibliothécaire m'introduit dans une espèce d'atelier; ici les élèves de l'école de dessin voisine viennent chercher des modèles; les partitions et les morceaux de musique sont prêtés gratuitement; il y a une classe de sténographie, d'écriture à la machine ; on prend des leçons pour la tenue des livres. Attenant à la maison, avec une entrée distincte, se trouve le restaurant. Salles bien éclairées et ventilées, où sur de petites tables, servies avec les recherches d'une minutieuse propreté, des femmes, occupées tout le jour dans les administrations, les écoles ou les ateliers trouvent un bon repas au prix le plus modeste. Celles qui sont là ont l'air de dames; pourtant il y a encombrement, chacune attendant son tour. Je vois payer trente sous un dîner de cinq plats, café compris, ces plats minuscules que l'on sort à la fois, sans se soucier qu'ils refroidissent, dans tous les hôtels d'Amérique qui ne sont pas sur le plan européen ; ils font penser à un menu japonais ou à une dînette de poupée. L'entremets ne manque pas, l'éternelle crème glacée, ice cream.

Aux bâtiments de l'Association chrétienne est annexée cet Exchange for Woman's Work qui n'est autre qu'une maison de commerce fondée sur des principes charitables et qui existe plus ou moins florissante dans toutes les villes d Amérique. Des femmes de conditions diverses apportent leurs ouvrages qui sont vendus sans nom d'auteur, ouvrages à l'aiguille, depuis les plus délicats jusqu'aux plus communs, tricots, écrans, tapisseries, linge confectionné, éventails, objets d'art et de fantaisie. L'un des bazars les mieux approvisionnés que j aie vus en ce genre est à Philadelphie; la pâtisserie, les confitures, les friandises et les conserves y tiennent une grande place. Toutes les commandes sont reçues, que ce soit pour dîners ou pour trousseaux, layettes, linge de maison, raccommodage; chacun s'impose le devoir d'acheter là le plus possible. On prélève dix sous par dollar sur la valeur de la vente et le reste est remis à l'ouvrière anonyme qui doit, si elle n'est pas des plus habiles, se perfectionner à l'école d'apprentissage faisant partie de l'établissement, car on n'expose que des produits sans reproche. Ce sont les souscriptions qui payent le loyer, le chauffage, le gaz et autres frais de la maison.

Non, la richesse en Amérique n'est pas sans âme. Je ne l'ai jamais mieux senti qu'en visitant les *homes* d'ouvrières qui ne veulent pas être des œuvres de bienfaisance, mais de simples entreprises coopératives. Avant de les aborder, voyons combien la vie matérielle est difficile et coûteuse dans les grandes villes, cherchons à découvrir la contrepartie de la prodigieuse opulence qui s'étale dans les quartiers élégants de New-York. Pour cela il suffit de prendre successivement plusieurs *elevated* et de passer, comme si vous étiez portés par la béquille d'Asmodée, au-dessus des parties de la ville qui ne sont pas à la mode. Vous filez dans les airs sur un léger viaduc soutenu de loin en loin par des piliers de fer. D'une hauteur qui varie du premier au troisième étage, vous plongez vos regards dans une espèce de gouffre rougeâtre, bariolé d'enseignes et d'affiches, où grouillent d'innombrables passants tous pressés, affairés, marchant à grands pas, sans rien regarder autour d'eux. D'ailleurs il n'y a rien à voir, rien que l'éternel alignement des hautes façades rouges d'une ennuyeuse uniformité. Précédées de leur perron raide et revêche, elles semblent dire aux petites gens : — Nous n'avons fait aucun frais; ceci est bon pour les pauvres. S'ils ne peuvent mettre que deux ou trois mille francs à leur appartement, tant pis pour eux. — Impossible de distinguer l'une de l'autre ces physionomies de grès ou de brique sans l'ombre d'expression ni d'originalité. Descendez à la fin dans une des rues en question et vous serez étonnés du soin que sous chaque porche le numéro met à se cacher, au lieu d'être comme chez nous en évidence ; le *janitor* invisible vous fera comprendre combien a été méconnu l'excellent portier parisien; et la servante irlandaise, malpropre, ignorante, familière, vous donnera par comparaison la plus haute idée de l'humble bonne à tout faire des « vieux pays ».

Sans doute les victuailles communes ne sont pas, vu leur extraordinaire abondance, plus chères qu'à Paris sur le marché, mais avec de pareilles cuisinières on est réduit au steak quotidien, toujours le steak. Si elles savent le cuire à point, elles se trouveront fort habiles et demanderont incontinent de l'augmentation.

Il est donc facile de s'expliquer la préférence accordée à la pension par les personnes qui ne peuvent dépenser beaucoup; plutôt que de tenir maison, « *to keep house* », elles choisissent, parmi les gîtes de diverses catégories, — il y en a de très élégants et d'infiniment modestes, — où nourriture, chauffage, éclairage, service, sont fournis en bloc à tant par mois ou par semaine. Une telle ressource est précieuse pour les femmes qui ont une carrière dont elles ne veulent pas être détournées par les tracas domestiques ; or en Amérique ces femmes forment une légion ; institutrices d'abord, dans les écoles publiques ; en ne comptant que celles-là, leur nombre est de 245098 contre 123287 professeurs mâles; service du Gouvernement: à Washington seulement 6105, ailleurs 2104, sans compter les 6 285 directrices de postes.

Comment ces femmes-là seraient-elles ce que nous appelons des femmes d'intérieur? Je sais bien qu'une éminente mathématicienne de Baltimore, Mrs Christine Ladd Franklin, s'est élevée, dans sa biographie si française de Sophie Germain, contre le préjugé qui veut qu'une savante ne soit qu'une savante. Elle en avait le droit. Mariée à un mathématicien, elle donne le plus éclatant démenti à toutes nos vieilles notions de rivalité des sexes, en même temps qu'elle a prouvé que les travaux les plus abstraits sont compatibles avec les devoirs d'épouse et de mère, mais elle est l'exception, elle est purement et simplement un exemple d'admirable équilibre américain qu'on peut opposer à l'histoire d'une Sophie Kovalevsky.

Règle générale, la vie est trop courte pour qu'il soit possible d'y faire entrer tant d'intérêts, tant de préoccupations contraires, et c'est faute d'admettre cette vérité qu'on risque de ne se donner à rien sérieusement. Aussi une fiancée américaine me disait-elle en m'annonçant son prochain mariage :
— Nous aurons un chez-nous quand nos affaires

nous le permettront. — Elle écrivait; son mari allait à un office quelconque; chacun d'eux avait son club.

Si le club et la pension sont utiles à tous les gens occupés qui n'ont pas encore fait fortune, combien à plus forte raison sont-ils indispensables à la classe ouvrière! On vous parle volontiers à New-York des premiers sujets du commerce qui se font cinquante dollars par semaine, des couturières et des modistes habiles qui gagnent facilement de dix à quinze francs par jour dans les grandes maisons émules de celles de Paris. Soit, tous les artistes sont bien payés en Amérique, l'artiste en robes et en chapeaux comme les autres: mais tout le monde n'est pas artiste, il y a l'armée des manœuvres.

Sait-on que la simple working-girl ne reçoit eu moyenne tous les huit jours que vingt-cinq ou vingt-six francs? Or, les moindres loyers sont énormes; d'autre part, le *tenement house* des quartiers populeux est un antre de vice et d'insalubrité qui délie toute description. Situé au milieu dos tripots, de ces débits de liqueur qui s'intitulent *saloons*, des bals de bas étage, il n'offre à ses locataires qu'une misérable installation, si misérable qu'elles peuvent être tentées de chercher refuge dans les plus mauvais lieux afin seulement d'y avoir chaud. 11 faut donc plaindre la petite ouvrière sans famille, ou séparée de sa famille par le besoin d'indépendance qui est pour ainsi dire une qualité nationale. Sa destinée serait pire encore si d'en haut le secours n'arrivait, tout à fait impersonnel et déguisé de façon à ne pouvoir être confondu avec l'aumône.

Peut-être ce sentiment de solidarité qui s'étend du riche au pauvre est-il plus naturel qu'ailleurs dans une société où les grandes fortunes se font en un clin d'œil et où beaucoup de gens devenus très riches gardent encore la mémoire toute fraîche de leurs propres années d'épreuve. Ce qui est certain, c'est qu'il suffit de l'initiative d'une âme généreuse pour que les donations abondent. Grâce à elles, dans une partie respectable de la ville un home s'élève tout à coup, une grande maison suffisamment chauffée, avec un bel escalier conduisant à de bonnes chambres, peut-être des dortoirs à trois et quatre lits, mais si propres, si vastes! Une table d'hôte substantielle est servie à des heures commodes, et tout cela est à la disposition des ouvrières, tout cela ne leur coûte pas plus cher que l'ignoble garni.

Elles ont des livres par surcroît; en cas de maladie elles sont soignées. Liberté parfaite : rien ne les empêche de recevoir leurs connaissances, hommes et femmes, dans un vrai salon, où ne manque rien, pas même le piano, où l'on donne régulièrement de petites soirées ; le seul règlement qui s'impose est de rentrer à dix heures. Qui donc s'étonnerait du succès des homes d'ouvrières devenus si nombreux à New-York, bien qu'il n'y en ait pas encore assez? J'ai visité deux ou trois d'entre eux auxquels on ne peut adresser qu'un reproche , c'est de donner à la fille pauvre des habitudes que son futur mari aura grand'peine à lui conserver.

La condition pour être admise dans ces excellentes pensions est, outre une moralité irréprochable, le fait de ne pas gagner au delà d'une somme déterminée. Il y a des homes de toute catégorie, il y en a même pour les dames qui se livrent à des travaux intellectuels; *the Ladies Christian Union*, la maison mère, dans un beau quartier, peut contenir 85 pensionnaires, et elle est toujours pleine; le prix de la pension passe à la table et au ménage, les autres frais sont à la charge des fondatrices. Une branche de cette maison est spécialement consacrée aux employées de magasins. — Il y a môme des homes pour les toutes jeunes filles qui s'acquittent par le travail domestique. Elles apprennent à se servir de la machine à coudre, elles s'exercent à blanchir et à raccommoder.

Les ouvrières sans emploi attendent une place dans des homes temporaires à bas prix. Primerose House sert d'asile aux convalescentes, aux isolées dont le salaire est insuffisant. Si elles ne gagnent qu'un dollar par semaine, on leur demande 25 sous, 50 si elles en gagnent deux, ainsi de suite ; quand elles arrivent à gagner plus de cinq dollars on les engage à aller demeurer ailleurs. Tous les clubs sont aussi des bureaux de placement.

Les autres villes d'Amérique ont suivi l'élan donné par miss Dodge. Les excellentes associations de Boston s'efforcent de former des domestiques, elles veillent sur les voyageuses inconnues et désemparées, envoyant leurs agentes aux bateaux pour fournir conseils et renseignements à celles qui en ont besoin.

Baltimore est peut-être la ville où les différentes églises s'entendent le mieux pour ces œuvres si utiles ; les sociétés protestantes ayant admis sans discussion dans leur sein les catholiques, la maison dite de Saint-Vincent s'est ouverte avec une tolérance égale aux protestantes. Philadelphie, la cité des quakers, est assez exclusive au contraire, mais elle ne se laisse dépasser par aucune autre ville en munificence. La *guilde* des ouvrières du New Century est renommée. Des centaines de jeunes filles y trouvent toute sorte de leçons pour se perfectionner dans les travaux manuels ; on voit venir le temps où elle se transformera en un collège des arts et métiers qui, à sa manière, vaudra bien les autres. Et toujours le même soin donné au développement moral, comme l'atteste le club qui porte ce nom curieux: «Club d'une fois par jour. »

Les membres signent l'engagement de chercher à rendre tous les jours un service, — si petit qu'il soit, — à une personne qu'elles n'aient aucune obligation d'aider. L'hospitalité de nuit sur une vaste échelle est associée à plusieurs de ces homes. Les restaurants d'ouvrières communiquent à de grands cabinets de toilette très fréquentés par les filles de magasins si souvent logées à l'étroit.

Dans l'Ouest, il y a pour les employées des fabriques certaines tensions si confortables que beaucoup de personnes d'une tout autre classe y venaient pour des raisons d'économie et qu'il fallut remédier à cet abus par un règlement. C'est à Saint-Paul qu'une demoiselle catholique, miss J. Schley, ouvrit avec un capital de 120 dollars son home de jeunes filles qui se recommande par des traits assez particuliers, étant le séjour même de la gaîté. Tous les soirs les habitantes dansent au piano, plusieurs fois dans l'hiver elles invitent leurs amis à de petits bals; ces mêmes jeunes gens se joignent à leur club littéraire qui tous les quinze jours a une séance de musique et de récitation; personne ne peut faire partie de la société sans être reconnu capable de contribuer en quelque façon à l'amusement des autres, par conséquent les sots se trouvent élagués, ce qui existe dans si peu de cercles mondains : on repousse aussi les personnes âgées de plus de trente ans, les veuves et les divorcées. Ces conditions favorables amènent beaucoup de mariages ; ils sont célébrés dans l'institution par un repas de noces offert aux conjoints.

Mais j'ai peur vraiment de donner l'idée d'une vie de Cocagne assurée par les progrès de la sociologie aux ouvrières américaines; ce serait tout le contraire de la vérité; elles luttent très péniblement pour l'existence, malgré l'appui qui leur vient des églises et des particuliers. Leur situation cependant s'améliore de jour en jour, par les raisons mêmes qui réduisent tant d'hommes au triste rôle de mécontents et d' «inoccupés» (unemployed). Lorsque l'intervention croissante et perfectionnée des machines rend superflue la dépense de force humaine, l'ouvrier laisse à l'ouvrière la part de besogne qui n'exige que de l'attention et de l'adresse; bien entendu elle se contente d'un modique salaire. Les femmes gagnent moins que les hommes dans presque toutes les branches, depuis le professorat jusqu'au travail manuel; on crie à l'injustice, mais sans possibilité d'y remédier jusqu'à présent. N'est-ce pas quelque chose, après tout, que de s'être ouvert en si grand nombre des débouchés qui n'existaient pas, il y a bien peu d'années encore? On compte aujourd'hui jusqu'à 343 industries où les Américaines ont accès.

Un compétiteur acharné du sexe faible pour les industries même qui sembleraient de droit être réservées à celui-ci, c'est le Chinois. Il s'entend à merveille au service domestique et s'en est emparé complètement à San Francisco. Il se glisse dans beaucoup de fabriques où travaillent les femmes. A New-York il accapare le blanchissage. De fait est-ce bien un homme, cet être hybride et mystérieux au costume énigmatique comme son visage blême où s'entr'ouvrent à peine deux yeux en virgule? Un petit chapeau rond, de larges pantalons pareils à une jupe fendue en deux, une espèce de casaquin, le tout en drap gros bleu, un parapluie sous le bras, voilà le type auquel tous les Chinois ressemblent si parfaitement qu'il serait difficile de les distinguer l'un de l'autre dans les cars, les bateaux, etc. Son immobilité a quelque chose de fantastique; dissimulé derrière ses grandes manches, il a l'air de ne rien voir à la façon des chats. Dans les rues si généralement mal entretenues, transformées en lacs de boue quand la pluie tombe, il passe avec une vitesse féline, chaussé de hautes pantoufles blanches qui jamais n'ont reçu la moindre éclaboussure.

J'ai rencontré beaucoup de Chinois et point de Chinoises. Les nègres ont des enfants par douzaines, les Chinois, malgré la réputation qu'ils se sont acquise de pulluler, gardent tous à New-York l'apparence de célibataires. Ils le sont. D'honnêtes industriels yankees, je parle par ouï-dire, leur amènent en contrebande quelques échantillons féminins de la race jaune dans les antres de Chinatown, un quartier peu recommandable, qui fait suite à la populeuse Bowery, aux quartiers allemand, italien et juif. La nuit, des lanternes multicolores se balancent au-dessus des boutiques d'opium. Ces gens, d'une moralité douteuse, sont merveilleusement adroits, très ingénieux, et réussissent apparemment, en quelque pays qu'ils se trouvent, à vivre de peu.

Pour revenir aux ouvrières, le lot des plus honnêtes d'entre elles est donc amélioré autant que possible par la sollicitude dont elles sont l'objet. Il n'est pas admis que les femmes abordent une besogne trop fatigante et trop rude. L'habitude qu'ont les Européennes de travailler aux champs par exemple comme des bêtes de somme semble barbare aux Américains; la pensée que des femmes puissent être employées dans les mines les révoltes.

Cependant le régime des manufactures de tabac et des filatures de coton a bien son genre de dureté. Beaucoup de petites ouvrières commencent à travailler vers douze ou treize ans ; l'âge ordinaire est quatorze ans. Après vingt-cinq ans leur nombre décroît : sans doute le mariage en est cause. Le nom de working-girls qu'on leur donne est donc juste ; ce sont pour la plupart des jeunes filles.

Avant d'en finir avec elles, je tiens à reconnaître l'extrême courtoisie que j'ai rencontrée dans les bureaux de Washington, le département du Travail (departmenl of Labor) ayant mis à ma disposition des rapports officiels inestimables rédigés d'après les enquêtes faites de ville en ville par ses agentes : les femmes sont supposées pouvoir apprécier mieux que ne feraient les hommes ce qui concerne leur sexe. Il y a là des statistiques soigneusement dressées et des détails recueillis en abondance sur les divers métiers, le salaire, les habitudes des ouvrières, les conditions générales de leur vie. La question des mœurs est même traitée, non pas à fond, ce qui serait impossible, le vice et la misère ayant tant de tristes replis, mais au point de vue de la débauche professionnelle. Cette fraction du rapport, avec quelques autres détails relatifs à la Californie, est seule fournie par les agents masculins du ministère. Il ne semble pas, à les en croire, que les prostituées proprement dites se recrutent dans les rangs des ouvrières; le grand nombre des filles perdues sort directement de la famille sans métier préalable, ou bien encore de la domesticité, domestiques d'hôtel surtout, qui peu à peu descendent au plus bas.

Beaucoup d'étrangères parmi elles. L'immigration qui ht jadis la richesse de l'Amérique est maintenant une de ses plaies. L'écume du monde européen vient s'agglomérer dans les bas quartiers des grandes villes et y reste.

III.

La vie domestique

L'ouvrière mariée a-t-elle les qualités de ménagère qui existent ici dans la même classe? Je suis loin de le croire. En tout cas ces qualités ne sont pas innées chez elle, comme chez la Française.

Les jeunes filles qui encombrent les fabriques de tabac et de chapeaux de Baltimore ne savaient ni balayer, ni épousseter, ni mettre le couvert, ni peler une pomme de terre. Et presque toutes étaient élèves des écoles publiques, suffisamment instruites sur des points beaucoup moins essentiels! Miss King raconte que les progrès assez vite obtenus, dont profita dans maint intérieur d'artisan la table de famille, assurèrent une véritable vogue aux classes de cuisine ; chaque jour les jeunes filles à la sortie de leur grammar school (intermédiaire entre l'école primaire et l'école supérieure, high school), venaient, fatiguées cependant du travail de la journée, demander des leçons. Il s'ensuivit une heureuse entente entre les écoles de grammaire et celles de cuisine. Comme le dit avec une haute raison miss King, l'éducation primaire et secondaire ne pourra se flatter d'avoir réussi qu'après que les connaissances acquises se seront appliquées là où le besoin s'en fait universellement sentir : dans le ménage. Puissent les réformatrices du monde entier être de sou avis! Personne alors ne craindra plus que le «mouvement féministe» marche trop vite. Aujourd'hui on cherche en Amérique à relever dans l'estime des femmes ce domaine négligé, le ménage, par l'étiquette de « science domestique » dont ou le pare. La science domestique est enseignée, je l'ai montré déjà, dans les écoles publiques et les Associations chrétiennes. On apprend ainsi à faire systématiquement ce qui ailleurs se fait sans y penser et un peu au hasard. La raison de chaque chose est donnée, les vertus nutritives de chaque aliment sont expliquées, l'anatomie de l'animal dépecé pour la boucherie devient un sujet d'étude, ainsi que l'action de l'eau et de la chaleur dans la préparation des mets. Reste à savoir si le pédantisme n'est pas un ingrédient dangereux : le vieux proverbe du pays où l'on s'y entend veut qu'on naisse rôtisseur.

Quoi qu'il en soit, l'important est d'exciter par un moyen ou par un autre l'émulation dos Américaines dans cette voie qui n'est point de leur goût. Les facilités qu'offrent la pension, le club et le restaurant ont amené chez beaucoup d'entre elles l'effacement des qualités que nous avons coutume de considérer comme étant par excellence celles de leur sexe. Il s'ensuit que maints rouages presque imperceptibles auxquels nous ne songeons guère, tant leur fonctionnement est en France chose convenue, manquent dans presque tous les intérieurs où les dollars ne foisonnent pas.

Certes on rencontre d'excellentes maîtresses de maison aux Etats-Unis, et non pas seulement celles qui possèdent un cuisinier français, un cocher anglais et payent une femme de chambre trente dollars par mois; ou bien à un rang secondaire celles qui, pour s'assurer une domesticité permanente et les dehors de ce que nous appelons l'aisance, dépensent plus qu'il ne serait nécessaire ici pour atteindre au luxe; dans les petites villes, dans les villages reculés de l'Est, les héritières non dégénérées des vieilles traditions puritaines se rappellent que leurs aïeules, descendantes des meilleures familles de la classe moyenne anglaise, vaquaient aux soins terre à terre de l'intérieur et pratiquaient l'épargne, traitée aujourd'hui de vilenie. Mais nulle part vous ne trouverez cette industrie adroitement déguisée qui permet à la Parisienne de faire bonne figure avec peu d'argent.

Le prix extravagant de tout ce qui est superflu s'y oppose et aussi une répugnance à se réduire aux fonctions qu'il faut bien appeler par leur nom, celles de servante du mari. Ouvrière ou artisane, l'Américaine de nos jours niera résolument que ce soit là son lot en ce monde ; elle juge que l'homme est tout autant qu'elle-même apte à s'occuper du baby, à faire les provisions, etc.

Les gros travaux ne la regardent pas. Dans les stalles du marché ce sont les hommes qui vendent, vous ne verrez jamais une femme assise à la caisse de la boucherie ou de l'épicerie qui appartient à son mari, l'aidant en sous-ordre, prête à prendre avec intelligence la suite des affaires si le chef de la maison venait à manquer. Non, le père de famille, qu'il soit millionnaire ou pauvre diable, doit subvenir aux besoins de sa femme. Si celle-ci veut travailler de son côté, c'est généralement dans une tout autre branche que lui; elle ne sera pas l'associée, l'humble satellite, elle vole de ses propres ailes où bon lui semble.

Comment un peuple qui gagne beaucoup pour dépenser de même ne mépriserait-il pas les petites combinaisons de celle économie que chez nous on encourage? L'épithète de *mean*, plus injurieuse de toutes, leur serait très vite appliquée. Gaspillage, (*waste*) est, au contraire, en Amérique, synonyme de magnificence.

Dans les hôtels, la consigne donnée aux garçons blancs ou noirs, qui servent à table, paraît être de perdre et de gâcher; dans les maisons particulières les domestiques sont très souvent pénétrés des mêmes maximes. Et que de peines pour les trouver et les retenir, ces domestiques, même mauvais ! S'attendre à quelques attachements de leur part serait d'ailleurs présomptueux.

Le goût général des voyages s'y oppose. Les maîtres renvoient leurs domestiques aussi facilement que ceux-ci les quittent. Avec une égale insouciance, beaucoup de gens assez riches louent, pendant une absence plus ou moins longue, leur maison de ville ou de campagne à des étrangers. Ils s'étonnent de ne pouvoir trouver de même en France une maison toute montée, un château héréditaire quelconque à louer pour une ou deux saisons. Et nous n'arrivons pas à leur faire admettre nos répugnances, que les Anglais du reste n'éprouvent guère plus que les Américains, tout en se piquant d'être seuls à comprendre le *home* pour lequel, disent-ils, nous n'avons pas même de mot.

Le problème de la vie domestique qui existe partout en Amérique et ne peut être résolu qu'à grand renfort d'argent devient, dans les Etats de l'Ouest plus compliqué encore.

Une de mes premières surprises à Chicago fut la curieuse conférence faite par une dame de Denver, Mrs Coleman Stuckert, sur un projet de son invention qui simplifierait singulièrement les choses. D'abord elle déroula pour illustrer son discours une série de plans, de dessins d'architecte, représentant des maisons de toute dimension et à tout prix dans les styles ultra-composites qu'elle qualifiait de vénitien, de roman, d'espagnol, que sais-je?

Ces édifices mis au service des bourses les mieux garnies et à la portée des plus petites, devaient former une espèce de cité desservie par tous les moyens modernes que fournissent la vapeur et l'électricité, des wagons rapides comme l'éclair déposant, de porte en porte les repas commandés au siège de l'Association, des repas simples ou magnifiques au choix, sans que les heureux habitants eussent aucun soin à prendre, sauf celui de recueillir la manne apparemment tombée du ciel. Au milieu du square qu'entouraient ces demeures indépendantes les unes des autres, se trouvaient des bâtiments fastueux communs à tous, où l'on pouvait selon les circonstances retenir une salle de bal, organiser un banquet, donner une fête quelconque. Confort, économie, ressources variées, tant matérielles qu'intellectuelles, depuis la bibliothèque jusqu'au terrain de gymnastique, rien ne manquait aux familles, rassemblées ainsi en société coopérative, sans aucun contact incommode, sans même avoir besoin de se connaître. La réalisation d'un pareil projet serait un pas décisif fait vers les rêves de l'an 2000 tels que les a conçus naguère M. Bellamy, dont le livre par parenthèse semble, quand on le relit aux Etats-Unis, beaucoup moins fantastique que lorsqu'on l'ouvre en France pour la première fois, Mrs Goleman Stuckert m'intéressa par ses convictions ardentes, sa prodigieuse faconde, partout ce qu'elle racontait, de ses propres expériences de maîtresse de maison et de mère de famille dans la ville Reine des Plaines qui, selon Hepworth Dixon, ne renfermait pas une seule femme en 1866 et qui compte aujourd'hui 150 000 habitants ! Son intention est de venir en Europe, exposer des plans économiques, destinés, dit-elle, à un succès universel. J'aurais entrepris en vain de lui prouver que l'association n'est guère dans nos mœurs; que, si républicains que nous soyons devenus, nous avons encore des domestiques ; et enfin que nous nous méfierions toujours, étant gens à préjugés, des sauces faites à la fois pour tant de monde. Je me bornai donc à des compliments. Elle devra se hâter de prendre un brevet d'invention, car il m'a semblé, en voyageant à travers les divers Etats, que son idée était venue à d'autres avec des perfectionne mens de toute sorte : un certain tube pneumatique par exemple, destiné à faire circuler les plats comme s'ils étaient autant de « petits bleus », doit remplacer avec avantage le char aux provisions, môme électrique.

Tous ces projets accueillis avec faveur, au moins en théorie, témoignent d'une tendance croissante, malgré le succès des écoles de cuisine, à se contenter de la vie de pension et d'hôtel plus ou moins déguisée. La Française ne s'en accommoderait pas, parce qu'elle tient, fût-elle pauvre, à son « chez elle » ; mais il faut se rappeler que l'Américaine, fût-elle riche, aime au fond tous les genres de campement. Elle se plaît l'été dans un caravansérail de Saratoga, où deux mille lits sont à la disposition des buveurs d'eau, où tout est énorme et fastueux; en ville, elle invite volontiers ses amies au restaurant. J'ai vu de ces jeunes filles qui portent le nom de *bachelor girls* demander la carte aussi naturellement que si elles eussent été des garçons en effet. Une aimable Philadelphienne m'amenant à son club, où elle me fait donner très gracieusement une carte de membre temporaire, m'explique les avantages qu'on y trouve : «— C'est très commode, me dit-elle, en l'absence de mon mari, je déjeune ici, j'y donne dos rendez-vous âmes amies, je trouve les journaux. Il y a même quelques chambres pour celles d'entre nous qui de la campagne viennent en passant.» — La personne qui parlait ainsi était pourtant l'une des maîtresses de maison les plus accomplies que j'aie rencontrées en Amérique, tirant fort bon parti, ainsi que c'est l'usage, à mesure que l'on descend vers le Sud, du service des gens de couleur.

Si libéral que le Nord se pique d'être, il a horreur du contact familier des nègres. Leur service passager paraît acceptable sur les chemins de fer et les bateaux, dans certains hôtels, etc., d autant plus qu'il est d'ordinaire très attentif, très empressé; mais la tolérance s'arrête là. Ce n'est guère qu'à Baltimore que ce sentiment disparaît une bonne fois. A Baltimore, à Washington, on ne va pas encore jusqu'à prier dans la même église que la race de Cham, mais on se sert d'elle à la cuisine, à l'écurie, dans la maison, et il me semble qu'on s'en trouve bien. Le nègre est modelé par l'exemple que lui donne son entourage. Abandonné à lui-même, il peut être une brute des plus désagréables; placé chez des gens vulgaires, il devient familier et insolent autant queux; mais avec de bons maîtres il sera souvent le plus parfait des serviteurs.

Je n'ai jamais mangé de cuisine supérieure à celle d une bonne cuisinière noire dans le Sud. Elle n'a pas besoin, pour développer ce genre de génie, des classes spéciales où les jeunes filles du Nord étudient par condescendance une branche inférieure de la chimie en s'aidant de tous les engins perfectionnés qui suppriment la peine. La négresse prouve que l'intuition est supérieure aux méthodes quand il s'agit d'assaisonnement ; elle peut devenir un cordon bleu émérite entre les mains dune de ces maîtresses de maison comme la Nouvelle-Orléans en possède qui, rivalisant avec nos plus fameux gastronomes, font fi des conserves en boîtes, des crackers et autres biscuits *éducationnels*, des produits alimentaires plus ou moins frelatés d'aventure que préconise la réclame américaine. Nulle part au monde on ne mange mieux qu'en Louisiane ; le Sud n'a pas subi sous ce rapport les influences de son vainqueur; il garde évidemment les traditions françaises du vieux temps, auxquelles les épices créoles sont loin de nuire. De la plus humble case nègre s'échapperont toujours des arômes de cuisine appétissants ; c'est tout le contraire dans les intérieurs rustiques du Nord. Un peintre de paysage, retourné à New-York après avoir longtemps habité la France, me déclarait son intention de nous revenir, non pas seulement par désespoir de soumettre aux exigences de l'art cette campagne américaine où manquent les détails et qui est à ses plus beaux moments d'un éclat si tapageur (*gaudy*), mais surtout parce que son estomac ne pouvait supporter la nourriture des auberges de village. Barbizon ! ô Marlotte ! ô Douarnenez ! ô humble paradis des artistes! combien vous étiez regrettés, vous et les paysannes en marmottes ou en bonnets qui de génération en génération se passent le secret de l'omelette et de la gibelotte sans défaut! Il n'y a point de bonnets ni de marmottes, il n'y a point de paysannes aux États-Unis. A un match de football engagé entre deux villages de l'État du Maine, j'ai vu la foule des ruraux, pareille en tout point à une foule bourgeoise et réunie d'ailleurs pour un genre de sport qui est le plaisir favori de toutes les classes indistinctement. Le football entre les universités de Yale et de Harvard remplit les journaux pendant près d'une semaine. Cette partie-là se faisait avec moins de solennité sans doute, mais avec tout autant d'entrain de la part des joueurs et des spectateurs, parmi lesquels il y avait beaucoup de spectatrices. Les premiers, de beaux gars dans leur tenue de combat, reprenaient ensuite d'affreux pardessus qui leur donnent l'air horriblement commun. Les jolies demoiselles de campagne étaient élégantes à l'égal des ouvrières des villes, qui portent les dernières modes et souvent des étoffes assez chères, des fourrures, des bijoux : pourquoi pas, s'il leur plaît de transformer en toilette tout ce qu'elles gagnent? Une dame de Philadelphie m'a conté qu'elle avait cru devoir prier sa femme de chambre de ne pas servir à table avec des diamants aux oreilles.

— C'est mon goût de porter ma fortune sur moi, répondit tranquillement la jeune fille.

— Et c'est mon droit de vous congédier, riposta sa maîtresse.

Il faut considérer que la classe des domestiques n'exista pour ainsi dire pas aux États-Unis pendant plus de deux cents ans.

Jadis les Américaines mettaient leur gloire à s'occuper du ménage; mais ce temps primitif est loin; il correspond à celui où les femmes n'étaient pas autorisées à enseigner et ne montraient leurs capacités sous ce rapport que dans les écoles du dimanche, sunday schools. L'Amérique alors était pauvre; avec la richesse vint un cortège d'exigences et de loisirs. Il fallut des *helps*, des aides qui d'abord furent les égales de leurs patronnes, — prenons ce mot dans le sens de protectrice, qui est le véritable, — et traitées comme telles, c'est-à-dire comme membres de la famille. Il s'ensuivait des mœurs très simples, très patriarcales, dignes d'une république. Puis le flot de l'immigration irlandaise vint tout changer : les helps, qui étaient souvent aussi, grâce aux excellentes écoles publiques, des lettrées, associant le travail intellectuel au travail domestique, disparurent devant l'invasion. Aujourd'hui les Italiens sont en train de remplacer comme domestiques les Irlandais, qui font de la politique; ils se contentent de plus petits gages et vivent plus sobrement. Que sont devenues les helps d'autrefois?

Elles sont employées de commerce ou d'administration, sténographes, écrivains à la machine, journalistes, interviewers peut-être. La rage du document humain est poussée en Amérique jusqu'à la manie, jusqu'à la fureur; des centaines de femmes, sans compter les hommes, guettent le passant pour le prendre métaphoriquement à la gorge, lui arracher des nouvelles toutes fraîches, des sujets à sensation, pour inventer parfois ce qu'il ne dit pas, pour arranger, en tout cas, compléter à leur guise et donner à leur conversation le ragoût nécessaire. Combien ai-je vu d'interviewers féminins très supérieurs à leur métier et qui peut-être avaient des diplômes en poche!

Une foule de femmes écrivent, quelques-unes avec talent; mais c'est l'enseignement qui est le refuge du grand nombre.

Les écoles normales de 38 Etats comptent 23000 élèves, et sur ce chiffre 71 pour 100 sont des femmes. — Essayez donc de renvoyer cette nuée d'émancipées par le travail aux menues servitudes du foyer; essayez de prouver seulement aux moins intéressantes d'entre elles qu'il vaut mieux faire une jolie robe ou un bon plat que de la mauvaise littérature et surtout du reportage!

La supériorité qui permet de reconnaître que les plus humbles choses peuvent être ennoblies à l'égal des plus hautes par la façon dont on s'en acquitte est en tous pays fort rare. Et surtout ce qu'elles veulent établir c'est l'égalité absolue des sexes. J'ai entendu vanter sérieusement par une femme éminente certaine école industrielle où un peu de couture est enseignée aux garçons et un peu de menuiserie aux filles. Ce sont là des exagérations dont on reviendra.

IV.

Les écoles industrielles – L'institut agricole de Hampton

Déjà surgissent, à la suite des citoyens riches qui ont comblé les collèges de largesses, d'autres bienfaiteurs dont les donations et les legs non moins magnifiques se tournent d'un tout autre côté, — vers l'éducation industrielle; il y a très peu d'années que son utilité est reconnue, mais l'esprit public commence à en être généralement occupé. Peut-être la médiocrité de tant de prétendues universités qui se sont élevées à tort et à travers auprès des véritables, peut-être leurs inconvénients, qui sont de prêter, comme on l'a fort bien dit, de grands noms à de petites choses, ont-ils contribué pour une large part à la réaction. J'ai visité à Philadelphie l'Institut Drexel, qui porte le nom de son fondateur : 150 000 dollars suffirent tout juste à payer la construction et l'aménagement somptueux de cet édifice; il est ouvert aux deux sexes depuis 1891 et compte déjà 1 500 élèves. Toutes les aptitudes pour les différentes études professionnelles y sont développées par des classes excellentes où les mathématiques appliquées, le dessin, les sciences naturelles, la mécanique, trouvent leur place; en outre l'Institut Drexel loge de très riches collections en tous genres qui font de lui une école d'esthétique bien précieuse dans un pays où le goût n'est pas encore formé. Sans doute les dernières expositions ont eu sous ce rapport de très heureux résultats ; elles ont mis la France en avant ; c'est d'elle que les éducateurs parlent toujours lorsqu'il s'agit de louer le sens de la forme et de la grâce; n'importe, le désavantage est grand pour un peuple de n'avoir point sous les yeux à chaque pas les monuments, les chefs-d'œuvre de toute sorte dont la rencontre habitue les plus ignorants parmi nous à concevoir le beau sans explications ni commentaires. Seule une classe privilégiée avait profité jusqu'ici des espèces de razzias faites en Europe pour peupler les musées et les galeries des grandes villes d'Amérique. Grâce aux écoles professionnelles, les études d'art se répandront partout, modifiant peu à peu des qualités trop purement pratiques et utilitaires. L'immense gymnase, un des traits frappants de l'Institut Drexel, est, d'après la pensée du fondateur, appelé à favoriser ce progrès. J'y ai remarqué un curieux détail : accrochées au mur, les photographies d'un étudiant et d'une étudiante représentant, dans un état de complète nudité, la moyenne, *the average*, de leurs condisciples. Ceci est une application des découvertes de la science moderne à Fart grec, dont l'Amérique prétend s'inspirer. Les Grecs avaient élevé jusqu'au culte le sentiment de la beauté; ils ne la voyaient pas seulement dans les images tirées du marbre ou de la pierre, mais dans les formes parfaites de la jeunesse développées par les jeux nationaux : voilà donc la raison de cette exhibition, que certains trouveraient indécente. Elle a en outre un but utile : celui de comparer d'année en année les progrès physiques accomplis par le trapèze, les haltères et des engins suédois plus perfectionnés. Mais que nous sommes loin du vieil esprit puritain!

C'est dans le Sud que les écoles d'arts et métiers ont eu depuis vingt-cinq ans la croissance la plus rapide. Il fallut, après la guerre, mettre des moyens d'existence entre les mains de ces millions de nègres affranchis subitement d'un trait de plume, et en même temps les élever par une certaine culture intellectuelle à la hauteur du rang nouveau de citoyens américains que rien ne les avait préparés à tenir.

L'un des hommes qui s'attachèrent dès le début avec le plus de zèle à l'œuvre de reconstruction fut le général Armstrong, fondateur de l'Institut de Hampton (Normal and Agricultural Institute). Il avait dans les veines du sang de missionnaire et d'éducateur; son père, l'un des premiers Américains qui allèrent évangéliser les îles de la Polynésie, avait été nommé, par le roi d'Hawaii, ministre de l'Instruction publique. Avant même de se rendre aux États-Unis pour y achever ses études, le jeune Armstrong put constater que les progrès de la piété chez des races presque innocemment licencieuses sont peu de chose s'ils ne servent pas de base à la formation du caractère ; il remarqua en outre que l'école des missions, une école purement élémentaire et professionnelle, rendait de meilleurs services à Hawaii que celles du gouvernement, dont les visées sont beaucoup plus ambitieuses. Ces souvenirs lui furent utiles, quand il entreprit d'élever les nègres qui, par certains côtés impulsifs et enfantins, rappellent les indigènes au milieu desquels s'était passée son enfance.

Durant la guerre, dite de sécession, Samuel Armstrong commanda des troupes de couleur; il fut frappé de leur soumission à la discipline, de leur dévouement aux chefs qui les traitaient bien, de leur élan dans le combat. Il vit des soldats noirs étudier sous le feu leur syllabaire, — et conclut qu'il fallait leur donner toutes les chances possibles de devenir des hommes comme les autres. A travers les longues péripéties d'une lutte sanglante, il eut comme la vision du devoir qui l'attendait, et les circonstances le servirent singulièrement. Chargé d'administrer dix comtés de la Virginie de l'Est, d'y arranger les affaires nègres et de régler les relations entre les deux races, il tenait son quartier général à Hampton, tout près de Old Point Comfort où abordèrent, en 1608, les premiers pionniers, où l'on débarqua la première cargaison d'esclaves, où fut baptisé le premier Indien; en vue de ces côtes eut lieu la bataille décisive du Monitor et du Merrimac; le général Graut établit sur ce point son plan de campagne final. — Armstrong jugea qu'un endroit peuplé de souvenirs historiques et stratégiques, facilement accessible, tant du nord que du sud, par eau et par le chemin de fer, destiné à un grand développement commercial et maritime, situé enfin dans les meilleures conditions de salubrité, serait bien choisi pour y fonder l'école de ses rêves.

Déjà, au lendemain même de la guerre, une vaillante femme de couleur, Mrs Mary Peake, avait rassemblé autour d'elle, sur l'emplacement du camp Hamilton, où 6000 morts reposent maintenant dans un cimetière national, des enfants noirs par centaines, première école de nègres libres, fondée avec le secours de l'Association des missionnaires. Cette môme Association aida puissamment Armstrong pour l'achat d'une vaste propriété sur la rivière de Hampton, et elle lui demanda ensuite de se mettre à la tête de l'Institut. Il n'avait jamais songé, dans sa grande modestie, qu'à suggérer et à aider, non pas à diriger, mais il était prêt pour cette œuvre qui commença toute petite, en 1868, avec deux professeurs et quinze élèves. Leur nombre ne s'accrut que trop vite : il fallut transformer en dortoirs, en ateliers, etc., les vieilles baraques d'ambulance abandonnées, en attendant des fonds qui d'ailleurs ne tardèrent pas à venir, le gouvernement ayant sur ces entrefaites attribué trois millions et demi de dollars à l'éducation d'un million d'enfants de couleur. Déjà s'ouvraient les principales institutions qui prospèrent aujourd'hui. Hampton reçut pour sa part 50000 dollars, et les bâtiments nécessaires purent être construits. En 1870, un acte spécial de l'assemblée générale de la

Virginie assurait l'incorporation de la nouvelle école, la déclarant indépendante de toute association et de toute secte ainsi que du gouvernement. Le self-help était sa devise, s'aider soi-même; elle ne voulait pas de contrôle, et, de fait, les idées du général Armstrong eurent d'abord peu de partisans ; on ne croyait guère au succès du travail manuel, sous prétexte qu'il ne rapporterait pas assez.

Il rapporta beaucoup au point de vue moral, en réhabilitant un labeur dégradé par l'esclavage. « Comme tous les hommes, disait Armstrong, le nègre est ce que l'a fait son passé ». Conjurer ce passé, remédier aux influences de l'hérédité et du milieu, mettre à l'épreuve le caractère à la formation duquel Armstrong tenait mille fois plus encore qu'au travail rémunérateur et intelligent, puis envoyer au loin une élite, prêcher de bouche et d'exemple, tel était le but du général. Il lui a consacré sa noble vie et il est mort content l'année dernière, en demandant le simple enterrement d'un soldat, une place dans le cimetière de l'école au milieu de ses étudiants, sans distinction d'aucune sorte, sans qu'aucun éloge fût prononcé sur sa tombe. Voici quelques-unes des dernières paroles qu'on ait recueillies de lui : «Je ne tiens pas à une biographie... ce n'est jamais la vérité tout entière. La vérité d'une vie est profondément cachée... à peine nous-mêmes la connaissons-nous, mais Dieu la connaît : j'ai foi en sa miséricorde. — Hampton a été pour moi une bénédiction; il m'a donné pour aides et pour amis les meilleurs d'entre mes concitoyens, et c'était une bonne fortune que de pouvoir faire quelque bien à tout ce monde libéré par la guerre, de pouvoir aussi servir indirectement les vaincus...

Peu d'hommes ont été heureux autant que moi. Je n'ai jamais eu de sacrifice à faire. J'ai été, semble-t-il, guidé en tout. La prière est la grande puissance de ce monde; elle nous retient près de Dieu : ma prière à moi était inconstante et faible; c'est pourtant ce que j'ai eu de meilleur. Et maintenant je suis curieux d'entrevoir un autre monde. Tout y sera sans doute parfaitement naturel. Comment peut-on craindre la mort? C'est une amie. Dieu et la patrie d'abord, nous-mêmes après... »

Cet aperçu des sentiments du général Armstrong est peut-être utile pour faire comprendre ce qu'a été son influence sur environ 150000 étudiants des deux sexes, — nous comptons ceux de toutes les écoles fondées par des gradués de Hampton sur le modèle de la maison mère, dans l'Alabama, la Virginie, la Caroline du Nord. D'autres élèves de l'Institut, hommes ou femmes, font œuvre de missionnaires dans la Floride, le Kentucky, la Caroline du Sud et le Texas. A Hampton même, il y a aujourd'hui 630 élèves de dix-huit à vingt-deux ans, dirigés par 80 officiers et instructeurs dont une moitié est répartie dans les divers départements industriels.

Ne semble-t-il pas merveilleux qu'entre garçons et filles de cet âge et de cette race, logés sans doute dans des bâtiments séparés, mais se rencontrant à chaque instant, en classe, aux repas, aux divers meetings, nul scandale ne se soit jamais produit? Faut-il croire que la présence d'un juste tel que Samuel Armstrong agissait sur eux comme l'ombre même de la présence divine? La tâche du Révérend H. B. Frissell qui a succédé au fondateur, sera certes des plus difficiles, quoiqu'une impulsion décisive ait été donnée. Les progrès sont extraordinaires, même au physique; la consomption fait moins de ravages, les affections nerveuses, très fréquentes autrefois, deviennent relativement rares, il n'est presque plus question d'hystérie depuis que les élèves savent qu'un certain manque d'équilibre passe pour être le signe caractéristique de leur race. Une femme médecin fort distinguée réside à l'Institut.

Hampton coûte annuellement 100000 dollars, déduction faite du travail des étudiants. Cette somme se trouve couverte par les subventions qu'accorde le Congrès et par des dons particuliers.

On n'en est plus en Amérique à compter les sacrifices qu'exige l'éducation du nègre: les milliers d'écoles libres, à son usage, qui se sont ouvertes dans le Sud font peser une taxe annuelle de 4 millions de dollars, ou il s'en faut de peu , sur les anciens États esclavagistes. Le Nord soutient vingt collèges qui sont pour la plupart sous les auspices des églises et où 5 000 adultes se préparent aux carrières libérales; les femmes s'y distinguent dans la pédagogie.

J'ai vu, à la Nouvelle-Orléans, une demoiselle noire faire avec beaucoup d'autorité à des gentlemen de même couleur la classe de latin : sa courte chevelure laineuse soigneusement tordue en un nœud correct, un petit mouchoir brodé passé sous la ceinture, une fleur à la boutonnière, elle affectait des façons bostoniennes. J'ai vu aussi de petites négresses à la face simiesque suivre une classe de grec, et l'impatience qu'en éprouvaient leurs anciens maîtres m'a paru justifiée. Quelque ignorante que je sois du préjugé de la couleur, j'estime que les classes de couture, de blanchissage et de cuisine fondées par le bon général Armstrong ont vraiment plus d'utilité. Il encourageait aussi la floriculture et formait des jardinières. Dans le petit hôpital établi sur les terres de l'Institut sont dressées des gardes-malades, dont la réputation est grande aux environs. Ces connaissances pratiques n'empêchent pas, bien au contraire, que les étudiantes de Hampton soient fort demandées pour prendre en mains l'instruction primaire et religieuse des enfants. Presque toutes enseignent, quelle que soit d'ailleurs leur profession. Avec le temps on verra probablement la femme en majorité parmi les professeurs des écoles de couleur, comme il est arrivé dans les écoles blanches. Les hommes se feront de leur côté une spécialité de diverses industries, ayant l'intelligence de la mécanique et une adresse de doigts singulière. Tous les métiers leur sont enseignés à Hampton, bien que le général Armstrong ait particulièrement favorisé l'agriculture et que l'exploitation des bois de charpente soit l'affaire principale.

Peut-être l'excellent esprit de cet Institut modèle conjurera-t-il quelques-uns des périls causés par la présence en Amérique de huit millions d'individus qui n'ont pas demandé à y venir, mais qui ne se laisseraient point expulser. Les nègres convenablement instruits trouveront pour vivre des débouchés nouveaux, et surtout ils auront profité de la meilleure des gymnastiques morales, celle qui consiste à gagner tout ce qu'on dépense, à travailler de ses bras la journée entière pour avoir le privilège d'étudier le soir, dût-on mettre des années et des années à conquérir laborieusement le savoir envié. Certains étudiants, après avoir exercé des métiers au dehors, reviennent, et à plusieurs reprises, sur les bancs des classes. Ceux-là, il me semble, affirment mieux qu'ils ne le feraient par de grands talents le développement de la race noire. Une persévérance, une énergie pareille vaut plus que l'instruction supérieure acquise dans les universités de Lincoln et de Howard, de Fisk et d'Atlanta, instruction qui, par parenthèse, si elle lui donne d'autres droits, n'assure au petit-fils d'esclave qui la possède ni le privilège d'entrer dans un salon, ni celui de s'asseoir seulement dans une loge au théâtre. Il est parqué, à son rang, dans les chemins de fer même, où sont pourtant censées n'exister ni premières, ni secondes classes, mais où partout vous remarquez cette insolente distinction: salle d'attente pour les gens de couleur.

— Au Sud seulement ! me dira-t-on.

Qu'on me permette, pour donner l'idée des sentiments du Nord sur ces matières, de répéter une anecdote contée avec verve par un des administrateurs de Hampton, M. Marshall. Boston avant témoigné par des largesses l'intérêt qu'il prenait au succès de l'Institut agricole, il fut décidé qu'un meeting aurait lieu dans cette ville le 27 janvier 1870 : le général Armstrong devait s'y rendre accompagné d'un orateur nègre, M. Langston.

Celui-ci arriva le premier pendant la nuit au Parker House.

Lorsque le maître de l'hôtel découvrit le lendemain avec dégoût qu'il avait chez lui un homme de couleur, il prit, sans la moindre hésitation, le parti de l'expulser: malheureusement les principaux notables de la ville rendaient visite à ce paria, dans le moment même ; on dut attendre leur départ pour procéder à l'exécution; il en vint d'autres et si nombreux que l'occasion de mettre un nègre à la porte se trouva manquée décidément, mais M. Langston est resté le premier homme de couleur qui soit jamais entré comme hôte au Parker House. Même émotion dans les cafés où la horde des garçons fut tout près de prendre au collet « le nègre » devenu depuis lors ministre des Etats-Unis à Haïti.

Même aujourd'hui, dans cette ville si libérale de Boston, voyez si le moins foncé des mulâtres, à moins qu'il ne représente une célébrité, un lion quelconque, osera profiter des droits qu'en principe on lui accorde. Imaginez le nègre, fût-il un grand homme, aspirant à la main d'une blanche de l'Est! Comme on le renverrait avec dédain aux dames du Sud dont la réponse, si bonnes et charmantes qu'elles puissent être, aurait toute la férocité d'une application de la loi de lynch; or, on sait avec quels raffinements de cruauté cette loi sauvage punit le nègre coupable d'avoir convoité une blanche jusqu'à la dernière extrémité; il n'y a qu'à se reporter à de récents et hideux exemples dont l'Ouest fut le théâtre.

Du Nord au Sud et de l'Est à l'Ouest, le nègre n'est toléré aux Etats-Unis qu'à la condition de se tenir à sa place, et il deviendra très difficile de déterminer la place où doit rester un homme égal par son instruction et sa carrière aux plus distingués. — Une solide éducation primaire, une éducation industrielle ensuite, paraît donc être ce qu'il faut souhaiter dans son intérêt à la population de couleur, hommes et femmes; le général Armstrong l'avait compris, tout en ouvrant la voie aux exceptions résolues à monter plus haut quand môme, quitte à souffrir. Des annales méthodiquement rédigées enregistrent l'œuvre accomplie par tous ses anciens élèves dispersés dans le monde, depuis les simples artisans jusqu'aux ministres de la religion, jusqu'aux avocats, médecins, employés du gouvernement, artistes (les musiciens sont assez nombreux).

Si je n'ai pas dit que sur les 650 élèves de Hampton, il y a 132 Indiens, c'est que je me réserve de parler plus tard de l'admirable école de Carliste où ceux-ci sont réunis en foule, sans mélange de condisciples nègres. « L'amie des Indiens », miss Alice Fletcher, y introduira mes lectrices, comme elle fit en réalité pour moi. Sans les explications qu'a bien voulu me donner sur le sujet qui remplit sa vie cette femme charitable autant que savante, je n'aurais compris qu'à demi la beauté de l'œuvre du capitaine R. H. Pratt, émule du général Armstrong, son associé pour ainsi dire dans l'œuvre du relèvement des « races méprisées ».

Chapitre II

Deux grands mouvements féministes – A
Washington – L'école indienne de Carlisle –
Les femmes dans les hôpitaux

I.

Deux grands mouvements féministes : la ligue de tempérance et le suffrage

Rien ne blesse les Américains autant que la manière que nous avons de les retrancher, pour ainsi dire, des civilisations plus anciennes, en faisant de leur pays un continent à part où l'argent et les machines sont les monuments uniques d'une activité purement matérielle, tandis que l'archi-millionnaire y représente à lui tout seul ce qu'on appelle la classe élevée. Le fait que certains de leurs compatriotes, transplantés à l'étranger, soient, on grande partie, responsables de cette impression fausse, ne les en console pas, tout au contraire. La femme d'un professeur à l'Université de Chicago m'a parlé là-dessus très éloquemment :

« Après quelques mois passés à Paris, voyant comment on nous juge, j'en suis presque venue à considérer la prospérité de mon pays comme une disgrâce. Croyez-moi, on se trompe sur nous ; l'activité fondamentale ne consiste pas, en Amérique plus qu'ailleurs, dans la lutte pour s'enrichir ; côte à côte avec ce genre d'activité qui frappe tout d'abord, il y en a une autre, celle qui complète le succès matériel ; il y a l'effort généreux appliqué à la direction, à l'expansion des ressources acquises. Ce qui importe, — chacun de nous le comprend, — c'est de faire servir ces ressources immenses aux fins spirituelles, durables, qui doivent être la base d'une vraie démocratie. »

En réalité, tous ne sont peut-être pas pénétrés de ce devoir autant que la jeune optimiste qui s'exprimait ainsi avec la ferveur d'une intime conviction. Malgré mon enthousiasme pour tant de belles œuvres humanitaires et sociales qui ont fonctionné devant moi, dans les grandes villes d'Amérique, je suis obligée de dire que l'idée fondamentale d'une fin spirituelle très haute m'a paru se dérober bien souvent sous l'apparence de choses qui étaient en contradiction flagrante avec elle. Le jour, cependant, où, du dehors, on reconnaîtra qu'au fond cette idée subsiste, plus forte en effet que tout le reste, même que l'âpre appétit du gain, ce sera grâce aux femmes qui, réunies en légion, n'auront cessé de livrer le bon combat pour la faire triompher. J'ai déjà montré longuement l'impulsion qu'elles ont donnée à ces deux agents principaux du progrès : l'éducation et la philanthropie ; mais il me semble n'avoir encore rien dit, tant sont innombrables les prodiges accomplis par leurs soins, et avec de si faibles ressources au début ! Quand, il y a trente ans, une pauvre institutrice du Nord, Myrtille Miner, entreprit l'œuvre, apparemment folle, de fonder, sans appui, par ses propres mains, une école supérieure, à Washington, pour les filles de couleur, pouvait-on se douter que de cette tentative, tournée en dérision, sortirait l'école normale qui prospère aujourd'hui parmi une quarantaine d'autres également dédiées à la race méprisée ? — Lorsque Frances Willard s'arma d'une épée flamboyante, comme celle de saint Georges, contre un dragon plus terrible que tous ceux des légendes, — l'ivrognerie, l'effroyable ivrognerie américaine, — pouvait-on prévoir ce vote qui, dans beaucoup de provinces, a décidé de la fermeture des débits de liqueur ; les maisons de santé spéciales ouvertes pour la guérison des alcooliques ; l'enseignement scientifique de la tempérance établi dans les écoles ? D'abord le mouvement parut excessif : les Américaines, jusque-là, n'avaient jamais parlé en public ; ce ne furent peut-être pas les plus prudentes ni les plus distinguées qui pénétrèrent à l'improviste dans les *bars* et dans les *saloons*, se jetant à genoux, adjurant les ivrognes ou les accablant d'anathèmes. Leurs agissements rappelaient ceux de l'armée du Salut ; ils leur attirèrent le titre de *shriekers* (braillardes). Avec elles point de compromis : ceux qui avaient le malheur d'arguer que la tempérance n'est pas l'abstinence passaient pour des traîtres. Toutes les sectes naissantes sont fanatiques ; peu à peu, cependant, les *braillardes* s'apaisèrent, ou plutôt elles firent place à de nouvelles venues, qui pratiquaient l'art d'exhorter avec calme et avec mesure. L'une de celles-ci, Mrs Mary Hunt, professeur de chimie dans un collège de l'Est, fut conduite par la sollicitude que lui inspirait l'éducation de son fils à étudier les effets de l'alcool sur le système humain : cette recherche la remplit d'inquiétude pour l'avenir d'une nation qui consomme une quantité si scandaleuse de liqueurs fortes ; elle en vint à conclure que les arrêts de la morale ne pouvaient à eux seuls servir de frein, que l'ivrognerie persisterait tant que le peuple ne serait pas instruit de la valeur réelle et des effets certains du poison dont il s'abreuvait. A son instigation, un manuel rédigé par miss J. Coleman fut introduit dans plusieurs écoles publiques, mais c'est au meeting de l'union chrétienne de tempérance des femmes, qui eut lieu en 1878, qu'il faut attribuer l'honneur d'avoir formulé d'énergiques résolu lions que fit prévaloir ensuite un comité permanent présidé par Mrs Hunt. Boston se mit à la tête de la croisade ; le clergé, les professeurs, les philanthropes, les médecins s'y enrôlèrent. Des livres pour tous les âges, depuis un abécédaire spécial, *Child's health primer*, jusqu'à la *Physiologie hygiénique* de Steele, furent publiés, et en 1882 l'Etat de Vermont promulgua la loi éducationnelle obligatoire de tempérance qui ajoutait, aux branches du savoir enseigné dans toutes les écoles publiques, un cours d'hygiène et de physiologie élémentaires où l'effet des boissons alcooliques, des narcotiques et des stimulants sur la santé humaine devait être tout particulièrement exposé. Un grand nombre d'Etats suivirent cet exemple ; maintenant il n'y a guère de petit Américain qui, avant même de savoir lire couramment, ne connaisse les effets désastreux des boissons fermentées et ne soit averti que, — leur usage, même modéré, conduisant immanquablement à l'abus, — un homme soucieux de vivre sain d'esprit et de corps doit s'en abstenir tout à fait, ainsi que de cet autre poison : le tabac. Donc, point de vin, point de cidre, point d'alcool sous aucune forme. La rigueur de la loi est proportionnée, on le voit, à l'excès du mal.

L'importance des résultats obtenus par tel ou tel mouvement dont elles furent les instigatrices, a fait presque canoniser les sublimes énergumènes des premiers temps. Il faut toutefois féliciter celles qui tiennent aujourd'hui la bannière des droits de la femme, d'avoir changé de ton, de s'être assagies, de n'offrir plus rien de commun avec les *shriekers* dont il ne survit qu'un ou deux échantillons. Du reste, les cris n'auraient plus de raison d'être. Que manque-t-il à l'Américaine pour se sentir puissante ? Jeune fille, elle a la préséance en tout, elle est reine, avec une liberté que les reines ne possèdent pas toujours. Mariée à son gré, sans qu'aucun contrôle, aucune influence en décide, elle est l'enfant gâté de l'homme qui travaille sans relâche à réaliser ses fantaisies, en admettant du moins que cet homme soit bon, comme il l'est presque toujours. Dans le cas contraire, elle peut recourir au divorce, sans autre difficulté que celle d'entreprendre au besoin un petit voyage, comme le fit, l'année dernière encore, une charmante comédienne qui, pour convoler une cinquième fois en de justes noces sans péril de devenir bigame, dut traverser la rivière, sauter de l'Etat de New-York dans l'Etat de New-Jersey, où la loi est plus clémente. S'il est facile de divorcer, il n'est nullement impossible de passer pour mariée sans l'être et d'obtenir les avantages d'une union légitime, en dehors même de la régularité, puisque la justice, sinon le monde, considère deux amans comme des époux, à la condition que leur vie en commun ait été, pendant plusieurs années consécutives, de notoriété publique. L'existence d'un enfant, en ces conditions, rendrait fort douteux que la famille pût revendiquer avec la moindre chance de succès une part d'héritage.

La femme veut-elle s'affranchir et du mariage et de l'amour ? Toutes les carrières lui sont ouvertes, et dans toutes elle pourra vivre entourée de la considération générale, au théâtre comme ailleurs. Les Américains parlent de Charlotte Cushman du même ton que les Anglais de Fanny Kemble, et peut-être est-il plus aisé encore chez eux qu'en

Angleterre de s'assurer la réputation d'une « Madone de l'Art. »

Tout ce qui est du théâtre inspire *a priori* l'engouement le plus sincère. Une fillette de dix-sept ans ne s'est-elle pas écriée devant moi : « La Duse est mon amie intime ! » Une dame, tout en applaudissant avec ardeur Jean de Reszké et Mlle Calvé, réunis à New-York dans le chef-d'œuvre de Bizet, ne songeait plus qu'au plaisir d'inviter Carmen à dîner ; j'ai vu le portrait de Mme Jane Hading à une place d'honneur, au milieu, de portraits de famille. En revanche plusieurs se sont privés d'applaudir au théâtre une grande artiste française parce qu'elle avait vraiment trop fait parler de sa vie privée ; mais Mlle Eames aurait, si la chose était possible, le droit de chanter faux impunément parce qu'elle s'appelle Mme Story. A certain concert j'entendis acclamer avec frénésie et rappeler à plusieurs reprises une pianiste assez ordinaire. C'était la femme du chef d'orchestre, un si excellent ménage ! Et, quand ils revinrent saluer ensemble, les bravos redoublèrent, s'adressant, je suppose, à leurs vertus domestiques.

La seule catégorie de femmes qui me paraisse mal traitée en Amérique est celle des représentantes de la galanterie professionnelle ; là-bas les jolis équipages, les premières loges, ne sont pas pour elles ; nul ne s'affiche en leur compagnie ; on les désavoue, on les cache ; leur isolement est presque tragique ; exemple, ce petit épisode qui marqua mon excursion à la Nouvelle-Orléans.

Le train énorme où j'avais trouvé place, non sans peine, emportait vers le carnaval, magnifiquement célébré en cette ville, un peuple de curieux venus de tous les Etats. Il y avait des *dudes* (dandys) de New-York, de jeunes ménages élégants et fort gais, recrutés tout, le long du chemin, des fermiers de l'Ouest, faisant une tournée circulaire, des joueurs qui engageaient de grosses parties dans le *car* où, à chaque station, se précipitent des marchands de journaux, de livres, de fruits et de bonbons.

Au milieu de tous ces voyageurs si mêlés, une femme attirait l'attention générale par sa beauté suspecte et la profusion de diamants dont elle était couverte ; on eût dit la vitrine d'un joaillier ; elle ruisselait de feux, ses cheveux roux, son cou, ses mains, son chapeau étincelaient. Une pareille exhibition semblait presque imprudente ; je pensais aux attaques de trains, moins fréquentes d'ailleurs sur les lignes du Sud que sur celles de l'Ouest, en me disant que ce serait une belle prise. La dame dîna seule à sa petite table, non loin de moi, et je remarquai qu'elle buvait sec. Le lendemain, elle resta dans son coin, toujours seule, le surlendemain aussi. Des conversations s'engageaient entre les voyageurs qui se connaissaient le moins, mais personne n'adressait la parole à celle-là. Quelques hommes de mauvaise mine la couvaient à la dérobée de regards avides qui en voulaient peut-être à ses diamants autant qu'à elle-même. Le matin du troisième jour l'un d'eux s'approcha brusquement ; très gauche et à brûle-pourpoint, avec une explosion de timide grossièreté, il lui demanda si elle n'était pas Lilian Russell, l'actrice bien connue. Elle secoua la tête en riant et donna son nom d'une voix rauque dont le contraste avec cette jolie bouche faisait peine. Je ne me lassais pas de l'observer ; ses yeux bleus, très durs, étaient des abîmes de tristesse, — tristesse morne, brutale et stupide. La situation de paria qui lui était faite m'inspirait tant de pitié, elle était si seule avec ses diamants, elle n'avait si évidemment qu'eux au monde et elle continuait à les exhiber plus ou moins dès l'aurore d'un air de défi si pathétique au fond, que deux ou trois fois je fus sur le point de lui parler comme on peut parler en voyage à n'importe qui, d'un beau site par exemple. Mais je craignis quelque insolence. Du reste elle ne regardait pas plus le paysage que les journaux empilés sur ses genoux ; elle contemplait ses bagues et demandait des *sandwiches*. Un peu avant d'arriver, au moment où les préposés nègres se ruent sur vous, la brosse à la main, pour vous enlever de force la poussière du voyage, un jeune homme glabre, rasé à la mode, l'air sournois et inquiet, s'avança furtivement vers elle, fit un signe, prit son sac ; elle se leva et le suivit sans mot dire ; j'essayai de me figurer avec quel sentiment de haine. Quant à moi je décernai à cet individu correct le coup d'œil que les femmes de tout âge et de toute catégorie ont en réserve pour les poltrons. Je suppose qu'il se sera relâché de sa réserve à la Nouvelle-Orléans. Le Sud est si corrompu ! Quoi qu'il en soit, voilà le peu que j'ai vu du demi-monde en Amérique. Seules de leur sexe, les réprouvées qui le composent auraient peut-être le droit de se plaindre, malgré les diamants dont on les couvre autant et plus qu'ailleurs. Ce ne sont pas elles pourtant qui provoquent les conventions à Washington, les appels à la Chambre et au Sénat, les articles d'une presse spéciale en faveur du suffrage. Toutes celles qui revendiquent le droit de voter sont des femmes parfaitement honnêtes et même ce que nous appellerions *collet monté*, exception faite d'une certaine avocate quelque peu émancipée dans le sens qu'on donne à ce mot en Europe.

Le porte-parole le plus fameux est la très honorable Elizabeth S tan ton, qui se rattache par son âge au groupe des *shriekers*. Elle a beaucoup de fougue et beaucoup d'*humour*. La raison si souvent invoquée pour refuser aux femmes leurs droits politiques au nom d'un respect qui les place au-dessus des partis et des orages de la tribune, lui fait hausser tes épaules : « Les pauvres créatures, dit-elle, qui se contentent de cela, oublient qu'elles occupent en commun avec les criminels, les idiots et les fous cette plate-forme privilégiée. Non, ce qui les retient dans l'ombre, c'est plutôt la crainte du ridicule, la même crainte qui leur fait accepter sans mot dire les modes absurdes que leur envoie Paris. Quels actes d'énergie et d'indépendance peut-on attendre de personnes qui se résignent à porter deux ballons en guise de manches et à se passer de poches pour avoir une jupe mieux ajustée ? Très certainement aucun homme ne penserait à exercer ses droits politiques avant d'avoir trouvé sur lui une poche ou même deux pour y mettre sa bourse, son mouchoir, ses lunettes, voire ses mains quand il en est embarrassé. »

Voilà le ton des guerrières de l'ancienne école ; les meneuses d'aujourd'hui emploient d'autres moyens ; elles se piquent de modération, elles travaillent sans bruit ; surtout elles ont le bon goût, pour la plupart, de ne pas séparer leur cause des progrès généraux qui intéressent également les hommes. Je l'ai constaté à New-York où, tout en me croyant bien souvent tantôt à Londres et tantôt à Paris, je pouvais, grâce à la variété infinie des rencontres, peser et vérifier tels renseignements déjà pris dans les parties plus purement américaines du pays.

Miss Jeannette Gilder, qui dirige d'une main virile *The Critic*, une excellente revue hebdomadaire d'art et de littérature, m'a dit sans phrases : — « Je ne souhaite pas du tout que les femmes soient poussées outre mesure dans les carrières qui n'étaient pas autrefois celles de leur sexe, mais je tiens fort à ce qu'une femme soit libre d'entreprendre n'importe quoi pourvu qu'elle en ait l'envie et le talent. Si elle a la force de forger, eh bien, qu'elle forge ! »

Notons en passant que les femmes de lettres se distinguent aux Etats-Unis par une remarquable absence de prétention. D'abord, elles sont si nombreuses, que de leur part la pose qui s'attache à l'exception serait impossible ; c'est tout au plus si on leur accorde une place à part au milieu de la nuée des dames et des demoiselles, dilettantes en littérature, qui vous parlent de ce qu'elles ont écrit, de ce qu'elles veulent écrire avec une confiance en elles-mêmes qui tient au débordement incroyable de la personnalité. Chacune se croit autorisée à toucher à tout et croit avoir quelque chose à dire sans aucun souci des jugements précédemment portés. Cette absence absolue de respect pour la convention empêche la dépense de banalité qui se fait chez nous, mais elle permet aussi une plus largo expansion de sottise. En France, il n'y a guère que deux catégories de femmes : les sérieuses et les futiles ; en Amérique, où les sérieuses sont plus sérieuses et les futiles plus futiles que partout ailleurs, j'ai découvert un troisième groupe, celui des femmes qui s'occupent futilement de choses sérieuses, tranchant, sans arrêter la course à la vapeur qui les emporte, des questions qui exigeraient l'attentif recueillement de toute une vie. Je ne rapporterai pas l'avis de celles-là pour ou contre le suffrage, pas plus que je n'insisterai sur l'indifférence des mondaines déclarées que le suffrage intéresse beaucoup moins que leurs robes et qui, comme l'a dit dédaigneusement un de leurs contempteurs, « s'habillent, babillent et se déshabillent », sans autre occupation dans la vie, en comptant sur leurs maris, comme sur un banquier complaisant pour payer les notes de couturière. — Voici le résumé des idées recueillies à New-York, dans les salons et au coin du feu, en causant avec les personnes qui apprécient comme il convient leur lot actuel :

« Aucun affranchissement ne doit marcher trop vite, nous faisons notre apprentissage, nous nous tenons prêtes sans hâte, notre but étant de servir le pays, non pas de lui créer des embarras nouveaux. Si l'on pouvait restreindre le suffrage, le remettre aux mains d'une élite d'hommes et de femmes, tout marcherait mieux ; mais le suffrage chez nous est censé universel, c'est-à-dire qu'on ne paralyse qu'à grand'peine l'effet des votes d'une nuée de vagabonds, venus de partout et ignorants autant qu'insoucieux des véritables intérêts de la nation, prompts à vendre leur voix au premier politicien qui les paye, — sans parler des nègres qui ont reçu leurs droits de citoyens en même temps que la liberté dont ils ne savaient pas encore se servir ! Lors de chaque vote il faut acheter une masse d'abstentions ; ce serait pire si le nombre des votants sans lecture et sans moralité s'accroissait d'un nombre égal de votantes de même espèce, les pareilles de ces hommes-là. Mais l'avenir modifiera beaucoup de choses, l'instruction se répand, l'assimilation se produit ; sachons attendre. »

Les femmes qui montrent cette patience me paraissent dignes de participer un jour, si ce jour doit venir, aux affaires de leur pays. Et cependant, je déclare que, sans exception, elles portent les modes de Paris incriminées par Mrs Stanton et jugées par elle incompatibles avec un cerveau bien équilibré. Les réformatrices à cheveux courts et sans corset se rattachent à une ère évanouie ; nul ne sait plus rien des excentricités qu'en Europe on attribua jadis aux *bloomers*. Une réforme trop radicale en matière de toilette serait celle qui se ferait le plus difficilement accepter.

II.
À Washington

Faute d'être admises au suffrage, les Américaines s'occupent-elles quand même de politique ? Elles s'en gardent. Leur but en votant serait d'obtenir la preuve d'une égalité réelle avec l'homme. A quoi bon le reste ? Les femmes qui dans le vieux monde font de la politique se donnent corps et âme à une cause généralement représentée pour elles par un héros quelconque, prince, tribun ou aventurier. Mais on n'est l'Egérie de tel ou tel parti qu'à la condition que ce parti existe ; or, s'il y a un point où tous les esprits s'accordent aux Etats-Unis, c'est sur les mérites indiscutables du mode de gouvernement. La division des citoyens en démocrates et en républicains n'offre rien qui soit de nature à stimuler la passion chez une Roland ou une Staël. La liberté n'est pas menacée, on ne voit poindre à l'horizon ni tyran ni sauveur providentiel, ni aucun de ces prétendants auxquels les femmes se dévouent avec une exaltation proche parente de l'amour. La politique réduite à ce qu'elle est en Amérique tombe au rang de grosse besogne ; elle ne peut avoir d'attrait que si elle confère un pouvoir reconnu. Il n'existe donc pas de salons politiques comme nous l'entendons, même à Washington, où l'affluence des politiciens vous fait éprouver cependant l'impression que produisent les joueurs à Monte-Carlo. On se dit : « Quelle ville charmante ce serait sans cette lèpre ! » Ses blancs monuments de marbre, ses longues perspectives ombreuses, ses statues entourées de jardins, à l'intersection de presque toutes les rues, son luxe de parcs et de squares semble la consacrer à d'élégants loisirs ; et en effet les femmes s'y amusent beaucoup ; il paraît que la grande affaire mondaine est le triomphe des *buds*, des *rose buds*, boutons de roses à leurs débuts, autour desquels s'empressent les jeunes papillons, attachés d'ambassade. La chasse au mari, remplacée quelquefois ailleurs par le genre de *flirt* plus subtil qui a pour objet de conquérir des amis et de les garder sans engagement, la vieille chasse au mari fort antérieure à la chasse aux diplômes, est menée avec une ardeur naïve par ces demoiselles à travers les fêtes de la saison. Débuts, succès, toilettes, déplacements, réceptions, tout cela trouve un écho dans le journal hebdomadaire qui a nom *Kate Field's Washington*, le nom de la ville, allié à celui d'une femme, sa directrice.

Le *Washington* de Kate Field fait un peu penser à ce qu'était originairement *le Figaro* ; il réunit dans un cahier lancé chaque semaine toutes les nouvelles de l'endroit, et des articles souvent brillants sur des questions beaucoup plus générales. Ce fut ainsi qu'il s'évertua le premier, et nous devons lui en être reconnaissants, à obtenir l'abolition du tarif sur les œuvres d'art, au nom d'une courtoisie internationale bien entendue qui profiterait à l'éducation, cette pierre angulaire sur laquelle tout est fondé en Amérique. Kate Field n'est point ignorante de ce qui se passe à l'étranger ; elle a ses petites anecdotes parisiennes, elle demande qu'une décoration au moins nous soit empruntée par son pays, l'ordre du Cordon bleu récompensant les talents culinaires trop rares. Indiscrète et agressive comme il convient à un journaliste de tempérament, elle pénètre au Sénat, au Congrès, amène au jour un scandale quand l'occasion s'en présente, interpelle familièrement l'oncle Sam sur les affaires extérieures ; elle applaudit à tous les efforts individuels des femmes sans jamais être l'avocat attitré et systématique de leurs prétentions. Par Kate Field nous savons que l'initiative féminine a créé dans les Etats les plus reculés de l'Ouest des sociétés chorales, des orchestres, des compagnies d'opéra dont le premier effet est d'adoucir les mœurs ; rien ne lui est inconnu des choses du théâtre : elle a dans sa carrière errante et active touché un peu à tout. C'est encore le *Washington* qui a révélé au monde l'existence d'une colonie exclusivement composée de femmes sur le territoire d'Oklohama, dont la plus grande partie est jusqu'ici couverte par des tribus indiennes ; deux douzaines de femmes environ sont arrivées là en même temps que les premiers colons blancs ; elles se sont assuré des terres qu'elles exploitent et dont l'entrée est rigoureusement défendue aux hommes.

« Je voudrais les voir dans trois ans, s'écrie drôlement Kate Field, et juger de l'état de leur estomac, de leur toilette, etc. Trouveront-elles nécessaire d'avoir de bons dîners substantiels et une robe du dimanche, aucun homme n'étant présent pour apprécier ces choses ? Sauront-elles planter un clou et s'acquitter d'autres menues opérations du même genre pour lesquelles leur sexe est notoirement maladroit ? Et de quoi causer dans une communauté où il n'existe ni chiffons ni amoureux ? Quelles seront les récréations de ces célibataires endurcies ? Comment se recruteront-elles ? M'est avis que, s'il n'est pas bon que l'homme vive seul, il est plus mauvais encore pour la femme de se mettre à ce régime. Souvent elle a entrepris de le faire depuis que le monde existe ; le long du chemin de l'histoire s'échelonnent des myriades de communautés féminines, qui prouvent que la tentation de se débarrasser de l'homme une bonne fois nous est venue, puissante, irrésistible, dans tous les temps, mais l'expérience prouve que les seules de ces entreprises héroïques qui aient réussi sont celles que jadis protégeait du dehors la force et l'autorité de l'Eglise. »

Le bon sens ne manque pas plus que le franc parler à Kate Field. Elle s'est rendue fameuse par une campagne menée à ses risques et périls contre le mormonisme. D'abord la simple curiosité la conduisit au Lac Salé ; elle avait voulu visiter ce territoire d'Utah, où des gens réputés fort habiles en affaires se permettaient l'excentricité de la polygamie ; mais l'excursion, qui ne devait durer que quelques semaines, se prolongea pendant un an, la société mêlée des Saints, des Gentils et des Apostats intéressant au plus haut degré la voyageuse. Elle commença par être dupe de la prospérité matérielle du pays et de l'union apparente des familles où, par pure dévotion, plusieurs épouses s'attachaient à faire le bonheur d'un seul mari qui, de son côté, semblait n'avoir pour but, en prenant cette charge, que d'assurer le salut éternel à de pauvres femmes incapables de gagner le paradis toutes seules ; puis peu à peu, en observant, en recevant des confidences, elle découvrit les misères, les dégoûts, les infamies de ces harems censés chrétiens, fondés sur l'odieuse loi qui se résume en ces mots : « Si une femme refuse de donner d'autres épouses à son mari, il aura le droit légitime de les prendre sans son autorisation, et elle sera détruite pour avoir manqué à l'obéissance. » Le cri d'indignation qu'elle poussa lui fît autant d'ennemis qu'elle avait eu d'amis jusque-là parmi les Mormons ; mais Kate Field est intrépide ; elle se moqua des anges exterminateurs qui interviennent quelquefois, paraît-il, pour fermer la bouche aux imprudents ou arrêter les pas des déserteurs, et elle commença une série de conférences prononcées dans différentes villes. L'intérêt qu'excitaient ces dénonciations amusantes ou terribles parties de la bouche d'une personne qui arrivait de l'enfer polygame ne fut pas sans mélange de scandale, car elle osait tout dire, et dire tout ce qui se passe chez les Saints des derniers jours est fait pour choquer de chastes oreilles. Ce que Kate Field entreprit de plus brave fut lorsqu'elle alla relancer le monstre dans son antre, la Cité du Lac Salé, attaquant les Mormons avec véhémence chez les Mormons eux-mêmes. La première fois que je vis cette héroïne à Washington, elle fulminait contre le vote presque unanime par lequel la Chambre venait d'admettre leur territoire au rang d'Etat.

« Si le Sénat y prête les mains, disait-elle, il n'y a aucune raison pour que les prophéties de ces coquins ne se réalisent pas : nous les verrons établir sur la terre ce qu'ils appellent le royaume de Dieu ; j'ai toujours répété que l'église mormonne était la plus merveilleuse organisation qui fût au monde, en voilà bien la preuve ; le lion s'est dérobé sous une peau de renard, la polygamie a fait trêve, sans être abolie pour cela, car de bonne foi elle ne peut l'être en cette génération-ci, tant que vivront des femmes qui ont consenti à devenir seconde, troisième, quatrième, sixième ; épouse et ainsi de suite *ad libitum*. Que deviendraient ces malheureuses ? Les planter là comme certains, je n'en doute pas, sont disposés à le faire, serait une indignité de plus. D'ailleurs le mariage céleste demeure au fond la pierre angulaire de l'église mormonne ; ils en suspendent la pratique pour se garder contre les lois humaines et entrer en sympathie avec le reste du pays, voilà tout. Certes le mormonisme n'est plus ce qu'il était quand je lis connaissance avec lui en 1883 ; il se modifie tous les jours grâce aux chemins de fer, aux écoles, à la presse, à l'affluence des Gentils ; le gouvernement aurait tort cependant de se fier à des gens qui, par leur nombre, représentent en matière politique un terrible levier : songez donc qu'ils tiennent la balance du pouvoir dans le Wyoming, l'Idaho, le Colorado, avec une croissante majorité en Utah, sans parler des Mormons de l'Arizona et du Nouveau-Mexique, du Montana et de la Californie. Ils auraient vite fait de devenir maîtres au cœur du continent ! »

On voit que l'intelligence de la politique n'est pas refusée aux Américaines, bien que, règle générale, elles la mettent sous le boisseau, leur sens pratique très aiguisé les engageant à ne rien entreprendre en pure perte. Mais Kate Field sait qu'elle peut se faire entendre, elle parle donc, elle parle beaucoup, hardiment, librement, avec une facilité singulière, que ce soit de bouche ou la plume à la main. Il y aurait à faire un joli croquis d'elle, assise devant son pupitre, au milieu d'une litière de papiers répandus sur tous les meubles, entre quatre murs couverts de pochades et d'esquisses qui font penser à un atelier autant qu'à un cabinet de travail. Il est, ce cabinet d'artiste, haut perché comme un nid d'hirondelle, au sommet du grand bâtiment qu'on appelle le Shoreham ; tous les bruits y montent, saisis au vol par cette plume alerte, attentive, toujours en mouvement. La personnalité fine, nerveuse, fureteuse, un peu bohème de Kate Field semble planer ainsi sur Washington mondain, l'œil et l'oreille au guet, prête à vibrer au moindre souffle et armée en guerre avant toute chose contre l'hypocrisie et le convenu. Que cette double qualité porte bonheur à son petit *Washington*, ennemi des Mormons et ami de la France !

Aux séances du Congrès et du Sénat où j'étais assidue, j'ai cherché à reconnaître le type de femme que nous a présenté naguère un romancier de talent qui tient ses états à Washington, Mrs Hogdson

Burnett, le type de la *lobbyiste*, de l'entremetteuse, professionnelle ou non, qu'utilisent pour traiter les affaires de pots-de-vin et autres besognes véreuses des mains expertes en corruption. Il doit y en avoir parmi la foule qui entre au Capitole comme dans un moulin et arpente continuellement les couloirs, mais rien ne les révèle à mon attention. Somme toute, ce qui m'a le plus frappée durant les séances où le tapage des débats ne paraît troubler on rien le repos de quelques dormeurs sans gêne couchés tout de leur long sur les divans, c'est la dignité de cette prière quotidienne prononcée avant l'ouverture. Le chapelain aveugle fait une entrée majestueuse, appuyé à l'épaule d'un enfant. Tout le service est confié à de petits garçons en vestes courtes et en grands cols blancs qui ont l'air d'une troupe d'écoliers lâchés à travers les conversations sérieuses des grandes personnes. Ils doivent ce privilège à la prestesse de leurs mouvements et, en effet, s'acquittent des commissions, portent les messages en un clin d'œil, d'un bond de jeunes singes. Mais le page qui guide les pas du chapelain Milburn semble comprendre le sérieux de sa mission ; il marche lentement, très grave, et tous ces hommes qui écoutent debout la prière sont graves aussi, avec l'apparence du respect, les pires comme les meilleurs. Je n'y vois pas de mal ; c'est une soumission à la forte discipline qui veut que dans chaque famille américaine le père ne se dispense jamais des signes extérieurs de la religion au lieu de la trouver bonne tout simplement pour les enfants et pour les femmes. Cet appel des lumières d'en haut sur la discussion des affaires du pays doit certes étonner les républiques européennes qui ne veulent plus de la prière dans les écoles, qui, à plus forte raison, la banniraient des assemblées politiques, si elle y avait jamais existé. Hypocrisie, dira-t-on ! Esprit public, répondent les races anglo-saxonnes. Elles ont compris mieux que d'autres, il me semble, la vertu qui résulte de l'exemple renforcé par une incessante et impitoyable police de l'opinion.

Une catégorie de femmes qui appartient par excellence à Washington est celle des fonctionnaires du gouvernement. D'année en année leur nombre augmente dans les divers ministères ; elles prennent part aux concours qui permettent d'atteindre les emplois les plus importants et les mieux rétribués.

Une heureuse fortune me mit en relation, dès mon arrivée, avec l'une des *agentes spéciales* de ce bureau du travail qui publie chaque année de si précieuses statistiques. Miss de Graffenried a rédigé quelques-uns des principaux rapports sur le travail manuel des femmes ; sous son impulsion, l'*Arundell*, un nouveau club, présidé par miss Elizabeth King, s'attaque en ce moment à l'exploitation de l'enfance et au système pressurant des sous-contrats en matière de fabrication, *sweating system*. Elle fait dans toute l'Amérique de fréquents voyages d'enquête, elle est venue en France se livrer à une étude approfondie de nos écoles professionnelles, qu'elle place très haut et cite comme modèles. Personne n'aura contribué davantage à prouver que c'est un devoir national que d'élever le goût du peuple par une éducation d'art, au moins élémentaire, dans les écoles publiques de tout rang. Cette situation éminente d'une femme investie de fonctions administratives est remplie avec une simplicité remarquable. On s'assure, en voyant tour à tour miss de Graffenried dans les bureaux du *départment of labor* et dans l'agréable intérieur où elle vit auprès de sa mère, que la femme peut tout aussi bien que l'homme « aller à son ministère ». Chez elle, j'ai rencontré miss Fletcher, la bienfaitrice des Indiens, dont le nom est déjà venu sous ma plume à propos d'une des œuvres les plus considérables qui aient été entreprises en Amérique, la plus considérable peut-être puisqu'elle tend à résoudre le grand problème du rapprochement des races.

Miss Fletcher, seule de son sexe, compte parmi les *fellows*, les agrégés de Harvard. Elle a été conduite à la charité par la science, ayant entrepris pour l'amour de l'ethnologie des recherches longues et difficiles qui la forcèrent de vivre au milieu des Indiens, dans quelles dures conditions, il faut le lui entendre conter, si modeste, si oublieuse de soi qu'elle puisse être. Un témoignage visible de ses souffrances frappe les yeux avant qu'elle ait parlé ; elle boite, — infirmité glorieuse comme une blessure reçue au feu. C'est la trace d'une maladie grave qu'elle subit sous la tente, soignée par les Indiens. D'une de ses sauvages infirmières elle a fait un médecin, pourvu aujourd'hui de diplômes et qui exerce sa profession dans l'école de la réserve où elle vit. On sait que les réserves sont des terrains gardés aux indigènes et formant une ligne de frontière entre leur territoire et les Etats-Unis.

« — Mon travail scientifique, me dit miss Fletcher, commença il y a seize ans, et une grande partie de ce temps-là fut employé par moi en investigations personnelles. Vivant parmi les Omahas, je fus frappée des torts dont notre gouvernement se rendait coupable envers eux sans le savoir, me semblait-il. Je réclamai et je me fis entendre ; depuis lors, j'ai pris à tâche d'améliorer la situation des tribus, au moins en ce qui concerne leurs demeures et l'éducation de leurs enfants. J'ai divisé par lots et distribué à titre privatif, *in severalty* les terres des Omahas, des Winnebagos et des Nez Percés d'Idaho, environ 5000 Indiens en tout, administrant un million d'acres ; chacun d'eux a son petit bien; ils cultivent maintenant près de 500 000 acres ; le reste est ou sera vendu à des colons blancs. Tandis que l'œuvre philanthropique proprement dite portait ainsi des fruits presque inespérés, j'attachais une tout autre importance encore à cette partie de ma tâche qui doit ouvrir l'esprit et le cœur des Indiens à la connaissance de notre race, et je découvrais de plus en plus que l'Indien est un homme digne de notre attentive considération. Des travaux minutieux accomplis avec amour sur les chants indigènes attesteront, j'espère, l'affection que je porte aux chanteurs. J'aurais voulu seulement pouvoir faire mieux et davantage. »

Parmi les travaux d'ethnologie et d'archéologie américaines que miss Fletcher a fournis au Peabody Muséum, la musique des Omahas tient une place particulièrement intéressante. Son long séjour parmi eux et la confiance qu'elle sut leur inspirer lui permirent de pénétrer le sens de beaucoup de choses qui pour un observateur ordinaire fussent restées incompréhensibles ; dans la musique notamment on peut dire qu'elle a surpris leur âme.

« — Chez eux, explique-t-elle, la musique enveloppe d'une atmosphère toutes les cérémonies religieuses et sociales, toutes les expériences personnelles. Les rites en sont comme embaumés : la reconnaissance pour la création du maïs et des animaux qui procurent la nourriture, la vénération des puissances de l'air et du soleil qui féconde, tout cela passe dans la musique. Des chants spéciaux accompagnent les exploits du guerrier et lui charment la mort, hâtant l'arrivée de l'esprit sur les plages de l'avenir ; les enfants composent des chansons pour leurs jeux ; les jeunes gens mêlent de la musique à leurs exercices, les amoureux se font écouter en chantant ; le vieillard évoque de la même façon les agents protecteurs de ses derniers jours ; la musique est aussi, pour les Indiens, le médium grâce auquel l'homme entre en communion avec son âme et avec les puissances qui règlent sa destinée. Les chants d'une tribu représentant son héritage, beaucoup se les sont transmis de génération en génération. »

Miss Fletcher n'arriva pas sans peine à comprendre le sens caché de ces mélodies très souvent sans paroles, car c'est un des reproches que nous font les Indiens : « Les blancs, disent-ils, parlent beaucoup en chantant. » D'abord, lorsqu'elle assistait à leurs danses et à leurs festins, elle n'entendait, qu'un bruit discordant de voix humaines couvertes par les tambours et le flageolet ; remarquant cependant que la multitude qui l'entourait semblait prendre grand plaisir à ce qui, pour elle, était un vacarme barbare, elle se persuada qu'elle avait tort dans ses préventions et se mit à écouter ce qui se passait sous le bruit ; elle ne tarda pas à faire des découvertes. Sa maladie de plus d'une année l'aida certainement : tandis que les Peaux-Rouges allaient et venaient autour d'elle avec une affectueuse sollicitude, elle leur demandait de chanter tout bas, pour ménager son extrême faiblesse ; la douceur de certains airs lui fut révélée ainsi. Puis elle goûta la beauté des symboles, son retour à la santé ayant été célébré par la cérémonie du Wa-Wan. On la transporta dans un chariot le long du Missouri, jusqu'à la grande cabane en terre où l'attendaient les vieillards, où hommes, femmes, enfants s'étaient rendus en grand nombre sur leurs petits chevaux. Des bras robustes la portèrent à l'intérieur ; là on avait dressé pour elle un lit de repos couvert de peaux de bêtes ; le peuple se réunit autour du feu central et deux ou trois cents voix entonnèrent le chant de l'approche, le chant qui précède l'arrivée des porteurs de calumets de paix. Ceux-ci défilèrent sous la galerie d'entrée : alors le sens de la musique apparut parfaitement clair à miss Fletcher. Elle se hasarda à mettre des vers amoureux sur d'autre musique qu'elle avait notée et les jeunes gens, quand elle chanta, se troublèrent, parce que c'était en effet une chanson d'amour qu'on ne doit chanter que lorsqu'on aime. Pourtant ils dirent, satisfaits : « C'est cela, vous nous avez compris. »

De plus en plus, elle entra dans leur vie intime, faisant connaître au monde les chants d'Omaha par centaines et aussi ceux des Dakotas, des Otoes, des Poncas, dont les dialectes sont de même famille. Maintenant elle s'occupe des Pawnies qui représentent une autre souche. On sent combien, à mesure que ces tribus auront cessé d'exister, absorbées par le reste de l'Amérique, il sera intéressant de trouver dans leurs chants ainsi conservés le point précis où s'arrêtèrent pour eux le développement de la vie mentale et la puissance d'expression. Miss Fletcher écrit aussi des rapports sur les origines présumées, l'histoire et les lois de ses protégés, leurs relations avec les Européens qui, à partir du XVIe siècle, les persécutèrent sous prétexte de les civiliser. J'espère pouvoir un jour donner la substance des travaux de cette chercheuse infatigable dans un cadre moins restreint que celui-ci.

Je la mis sur le chapitre des « réserves » et de la vie qu'y mènent les Indiens que l'école rend à leur tribu. On m'avait dit plus d'une fois que leurs jeunes filles élevées à l'américaine tournaient souvent fort mal une fois revenues au *tepé* paternel. Miss Fletcher ne nia pas que cela pût arriver ; la vie qui les attend dans ces cabanes où grouille misérablement une nombreuse famille, le voisinage des officiers, les tentations de toute sorte sont une excuse : « Je les aime comme mes enfants, dit-elle, et ils me donnent les soucis que pourrait avoir la mère de plusieurs centaines de garçons et de filles, mais ils m'ont donné aussi de grandes joies. L'important est de les faire travailler. » Elle préconise la vertu du travail, ayant travaillé plus qu'aucune femme à sa triple tâche scientifique, administrative et charitable. Ses voyages, d'une tribu à l'autre, par des canons où l'on passe à la file dans un étroit espace entre la montagne à pic d'un côté et le précipice de l'autre ne laissaient pas de la fatiguer, l'état de sa jambe ne lui permettant plus de monter à cheval. Bravement elle marchait là où nul véhicule ne pouvait passer.

Elle raconte ses expériences diverses avec un charme d'élocution qui explique le succès qu'eurent les conférences qu'elle fit sur les Indiens dans le présent et dans l'avenir à la grande exposition de la Nouvelle-Orléans où les industries indigènes étaient placées à côté des produits perfectionnés de toute espèce sortis de l'école si florissante de Carlisle.

Je l'entendis à la Société d'anthropologie dont elle est présidente et qu'elle a fondée dans un dessein dont les gens qui connaissent si peu que ce soit l'état social de l'Amérique ne peuvent méconnaître la très haute portée : elle veut amener les femmes, ces gardiennes de tous les préjugés, à se rendre compte scientifiquement d'un point fécond en controverses, la question des races ; et j'ai pu m'assurer qu'au moins dans l'enceinte du club il était traité sans passion.

« Le savoir, a coutume de dire miss Fletcher, est après tout la source de la plus grande charité. On ne peut donc jamais apprendre assez. »

Un incident me prouve, dès le premier pas que je fais dans la chambre, combien elle a raison. Au moment où j'arrive, une femme entre deux âges, d'apparence agréable, entretient l'assemblée du *folk-lore*. On me la nomme, c'est Mrs Douglass qui, par une exception presque unique, épousa, blanche, un homme de couleur, le fameux Frédéric Douglass, déjà vieux, élevé à d'importantes fonctions et entouré de l'estime générale. Rien n'est plus curieux que l'histoire de cet ancien esclave, échappé d'une plantation du Sud : il gagna l'Angleterre, y acquit toutes les connaissances dont on ne lui avait pas donné les premiers éléments, puisque vingt-trois ans il ne savait pas lire, et, rentré dans son pays, s'y révéla orateur éminent, n'employant ses dons d'éloquence et de persuasion que pour des causes justes. Il ne fut pas facile de calmer, après la guerre, l'effervescence des nègres frustrés des droits politiques et autres qu'on leur avait imprudemment promis, punis pour des abus inévitables, maltraités, volés, décimés par leurs prétendus sauveurs. Frédéric Douglass ne cessa d'agir dans un esprit de conciliation, fut chargé de missions délicates dont il s'acquitta toujours avec honneur, devint ministre à Haïti et, jusqu'à la fin d'une longue carrière, mérita d'être considéré par tous les partis.

Voici quelques-uns des sujets traités en cette séance du club : découverte de tombes indiennes ; — les origines du langage ; — « l'origine de l'attention chez les enfants. — Une jolie jeune fille propose quelques réformes à introduire dans les hôpitaux de Washington. On discute sans aucun emportement, à propos de la misère des nègres, leurs qualités et leurs vices héréditaires. Une dame signale l'indifférence de certaines négresses qui déposent leurs enfants à l'hospice de la maternité, sans même se retourner pour savoir ce qu'ils deviennent ensuite. Une autre cite en revanche les villes du Sud où elle a vu des blancs envoyer dans les fabriques, pour y peiner du matin au soir, des enfants de sept ans, pendant que les petits nègres s'en allaient à l'école, leurs parents se privant du gain qu'ils pouvaient attendre d'eux afin de leur assurer le bienfait de l'instruction. Des exemples fournis et comparés, il résulte que l'état moral de la population noire serait, à Washington, pire que partout ailleurs, ce qui n'est pas surprenant, car le rebut de la Caroline est arrivé derrière les armées de Sherman, des êtres abjects ne parlant qu'un patois inintelligible. On en rencontre encore à chaque pas les échantillons repoussants. Il y a 70000 nègres à Washington et les conclusions du Club sont celles-ci : tâcher d'obtenir, pour les plus pauvres, le balayage des rues ; engager ceux qui vivent dans l'aisance à s'occuper davantage de leurs indigents. Ce n'est pas que la riche société de couleur manque de charité, tout au contraire, mais les œuvres ne s'organisent pas parmi elle : l'absence d'organisation en général est, jusqu'à nouvel ordre, un signe révélateur de la race.

Ils ne sont ni haineux, ni méchants, les pauvres nègres déguenillés et affamés de Washington. Je me rappelle toujours l'air d'amusement ravi avec lequel un groupe pittoresque de loqueteux coiffés de chapeaux informes regardait, à l'heure de la promenade du monde élégant, passer des cavalcades dans les allées plantées d'arbres qui se déroulent autour de l'obélisque. Les enfants et leurs poneys les enchantaient surtout. Ils les suivaient de l'œil avec d'affectueuses exclamations ; l'un deux, dont la peau noire apparaissait partout, comme des pièces d'étoffe sombre mises à un vêtement plus clair, lamentablement ivre, se frappait d'aise sur les cuisses en admirant le temps de galop d'un petit garçon qui avait perdu son chapeau dans l'ardeur de la course ; n'y tenant plus, il essaya de me faire partager son enthousiasme : *D'ont he hâve a race there* ! s'écria-t-il, toutes ses dents dehors, en agitant une lanterne éteinte qui paraissait être son seul bien en ce monde. Cette sympathie prompte, cet intérêt pris aux plaisirs des riches, sans arrière-pensée, sans envie, est sans doute aussi un signe caractéristique, un excellent signe qui me toucha fort.

Je fréquentais, par protestation, l'église de couleur, la belle église de Saint-Augustin, où le grand évoque d'Afrique apparaît au-dessus de l'autel, entre saint François-Xavier et un nègre en habit de dominicain, sa tête laineuse glorieusement nimbée d'or. Des voix de femmes, tendres, expressives et connue veloutées chantaient à l'orgue et je me rappelle un fougueux sermon, dirigé en partie contre la loi de Lynch, qui me fit grand plaisir. Le clergé noir et mulâtre, dont l'éminent cardinal Gibbons parle avec tant d'éloges, fournit de bons prédicateurs : leur parole ardente répond au tempérament de ceux qui les écoutent. Assemblée très recueillie, très nombreuse, composée en majorité de gens qui semblaient représenter une bourgeoisie fort à son aise, cette bourgeoisie même que le club d'anthropologie invitait à une charité mieux organisée en faveur de la plèbe immonde qui ne lui ressemble que par la couleur.

III.
L'école indienne de Carlisle

— Il faudra, m'avait répété plusieurs fois miss Fletcher, si vous voulez avoir vraiment l'idée de ce que sont les Indiens, aller à Carlisle et causer avec le surintendant de l'école, capitaine Pratt.

L'histoire du capitaine Pratt se rattache à celle du général Armstrong. Cet officier de l'armée des États-Unis pouvait se vanter d'une expérience déjà longue de la vie de frontière lorsqu'il commença son œuvre admirable en 1875 avec les prisonniers de guerre placés sous sa garde au fort Marion, Saint-Augustin, Floride. Il avait aidé à leur capture dans une de ces expéditions contre les tribus sauvages du territoire indien qui se sont toujours terminées par l'écrasement impitoyable des vaincus. Soixante-quinze des principaux chefs et leurs plus hardis partisans furent choisis pour servir d'exemple, chargés de chaînes, empilés dans des wagons et emportés ils ne savaient où. Quelques-uns essayèrent de se tuer, un seul y réussit, car ils étaient surveillés de près ; et, tout en chantant les chants qui forment l'âme contre la plus grande infortune, ils atteignirent la forteresse qu'ils croyaient devoir être leur tombeau. Mais le capitaine Pratt, chrétien convaincu autant qu'énergique soldat, avait décidé en lui-même que cette captivité serait pour eux le moyen d'une transformation. Tout en leur faisant sentir qu'il était leur maître, il adoucit autant que possible le sort de ces malheureux, les laissant d'abord presque libres sur parole, — mesure qui eut pour effet de relever leur fierté, — à la condition toutefois qu'ils travailleraient avec une activité disciplinée. Le capitaine Pratt alla même jusqu'à leur assurer de la besogne en ville. D'abord on se méfia un peu des Indiens du tort Marion, puis on les trouva bons ouvriers, et on ne cessa plus de les redemander. Le capitaine leur apprenait lui-même à lire, et les dames de Saint-Augustin venaient l'aider dans son enseignement. Il arriva ainsi que les plus terribles parmi les chefs indiens finirent par faire l'exercice sous l'uniforme des États-Unis et par monter la garde devant la porte de leur propre prison. Au bout de trois ans cette porte s'ouvrit pour eux. Deux étonnantes photographies existent qui les montrent à l'arrivée demi-nus sous la couverture, chaussés de mocassins, parés d'ornements barbares, les cheveux pendants ; puis après l'épreuve, tondus, boutonnés et astiqués selon l'ordonnance. Mais c'est la physionomie surtout qui a changé beaucoup plus que le vêtement ; l'éveil de l'intelligence sur ces figures méfiantes et sinistres peut consoler de la perte d'un certain pittoresque assez douteux. Les costumes hybrides de Tête de Taureau, de l'Aigle Rouge, d'Astre Jaune, de Vent des Nuages, etc., ne rappellent plus guère les nobles descriptions de Chateaubriand ou de Cooper. Il ne reste que les beaux noms symboliques précédés de noms de baptême dont le rapprochement forme une étrange disparate. Tandis que les plus vieux d'entre les captifs du fort Marion regagnaient leurs foyers, les autres consentirent à suivre le capitaine Pratt à l'Institut de Hampton où il était détaché par le gouvernement. J'ai déjà parlé de cette école modèle, fondée au lendemain de la guerre, pour répondre au besoin d'apprendre qui dévorait les gens de couleur, persuadés que science devait être synonyme de pouvoir. La plupart des administrateurs avaient peu de confiance d'abord dans la perfectibilité de l'homme rouge, mais ils durent revenir de leurs préventions, car le capitaine fut chargé ensuite d'aller chercher sur les réserves une cinquantaine d'enfants des deux sexes, jugés aptes à profiter de l'éducation industrielle.

Aucune des collisions redoutées avec les noirs ne se produisit ; cependant R. R. Pratt jugea bientôt qu'il y aurait profit à isoler ses Indiens. En 1879, il obtint du gouvernement la permission d'installer une école à Carlisle dans les anciennes casernes de cavalerie ; 150 Indiens furent dirigés sur cette petite ville ; leur nombre s'élève aujourd'hui à 700, représentant 24 tribus différentes, c'est-à-dire qu'ils sont plus nombreux à eux seuls que tous les élèves de Hampton. Dans ma curiosité de les voir je retournai tout exprès de Washington à Harrisburg, capitale de la Pensylvanie, non loin de laquelle se trouve Carlisle. Jusque-là mes connaissances sur la question indienne avaient été des plus vagues et des plus embrouillées. Sous l'influence d'idées sentimentales puisées dans *les Natchez* et dans *Atala*, j'avais appris avec regret que 350 Indiens environ, garçons et filles, appartenant à une école industrielle, avaient défilé à l'exposition de Chicago, les garçons en uniforme, les filles en costume de serge bleue à la mode, musique en tête, marquant le pas gymnastique et portant triomphalement les insignes de leurs divers métiers.

— Pourquoi, m'étais-je dit, devant deux ou trois figurants du Midway, pittoresquement drapés dans leurs couvertures et ne faisant rien que fumer leur pipe, pourquoi ne les laisse-t-on pas comme ceux-ci à la simplicité des mœurs primitives ?

Plus tard, à Boston, j'avais déploré de même qu'une jeune Mohawke trop civilisée — qu'on appelait miss Johnson, tandis qu'elle eût pu être Hiawatha ou Celuta — récitât des vers au profit des écoles de sa réserve dans une vente de charité où les dames offraient aux acheteurs les ravissantes corbeilles d'herbes aromatiques ou de roseaux qui, avec les mocassins brodés de perles, représentent l'industrie autochtone. Puis, à New-York, je ne vis plus guère de Peaux-Rouges, sauf les innombrables figures de bois grossièrement peintes et taillées, qui au milieu du trottoir, devant chaque débit de tabac, sont censées rappeler les Iroquois ou les Mohicans ; je recueillais cependant d'affreux détails sur les réserves où certains agents du service civil sont trop souvent tentés de s'enrichir aux dépens des sauvages qu'ils devraient protéger. La rencontre d'un Indien tout à fait exceptionnel dans l'un des salons les plus intéressants de la ville la plus cosmopolite qui soit au monde, acheva de me dérouter. C'était au jour de Mrs Richard Gilder, la femme du poète, directeur d'un *Magazine* célèbre, et qui, artiste elle-même, sait attirer par la puissance de sa grâce et de son esprit toutes les notabilités littéraires. Vers la fin d'une après-midi d'hiver j'avais trouvé autour d'elle, dans un cercle éclectique, des hôtes de toute provenance : le peintre John La Farge, parent transplanté de Paul de Saint-Victor et coloriste comme lui ; le professeur Hjalmar Boyesen, un Américain Scandinave, critique et commentateur d'Ibsen, qui compose en anglais des nouvelles norvégiennes dont quelques-unes ont pour théâtre les Etats-Unis ; Thomas Janvier, qui connaît mieux que la plupart des Français ce qui concerne les félibres et la littérature provençale de tous les temps ; le docteur Eggleston, dont les premiers romans éveillèrent chez nous un si vif intérêt pour l'Ouest américain, enfin les sœurs de l'exquise poétesse juive morte trop jeune, Emma Lazarus, dont l'une, Joséphine, a écrit sur l'avenir de son peuple des pages d'une spiritualité très haute qui figurent dans le legs des précieux documents fait au monde par le Congrès des religions. Beaucoup de nationalités diverses étaient donc, sans me compter, réunies chez Mrs Gilder quand survint M. Antonio Apache, que j'avais eu déjà l'occasion d'apercevoir à Chicago, où il était à la tête du département archéologique. Une de ces personnes qui craignent toujours que les étrangers ne commettent quelque erreur de jugement, compromettante pour ceux qui les reçoivent, se hâta de me dire qu'il était fort rare qu'un Indien fût admis dans le monde. Tant pis, si beaucoup d'entre eux ressemblent à ce jeune Apache ! Il a voyagé en Europe après de bonnes études universitaires ; sa tenue, ses manières sont irréprochables ; son visage, d'un ton chaud, est éclairé par des yeux magnifiques. Il consentit à chanter, en s'accompagnant de la guitare, une mélodie sacrée, bourdonnement des lèvres qui imite la pluie. C'est, nous expliqua-t-il, une invocation adressée aux reptiles et elle est très impressionnante quand une foule nombreuse la chante en chœur. Il ajouta qu'il ne faudrait pas se méprendre sur la signification de celte prière symbolique, les grenouilles d'été, les lézards et les grands serpents qui sont supposés vivre au fond de la mer n'étant pas directement implorés, mais plutôt choisis comme intermédiaires auprès des esprits d'en haut.

— Les aspirations religieuses du sauvage sont au fond les mêmes que les nôtres, me dit avec beaucoup de simplicité cet Indien converti et civilisé.

J'en causai depuis avec miss Fletcher qui m'a démontré que mœurs et croyances changeaient d'une tribu à l'autre, mais qu'en effet les Indiens n'adoraient pas la nature de la manière que nous supposons. Ils l'ont appel à ses forces dans leurs cérémonies : la terre, les quatre vents, le soleil, la lune, les étoiles, les divers animaux exprimant tous une vie et un pouvoir mystérieux dont l'Indien se sent environné, possédé, qu'il redoute confusément et avec lequel il voudrait se créer des relations amicales. Au fond de tout cela, selon miss Fletcher, on trouve un vague, très vague sentiment d'unité. La vie de l'univers n'a pas été pour l'Indien analysée, clarifiée ; c'est une forme occulte envisagée avec crainte. Les fascicules ethnographiques de miss Fletcher cependant, tout en me renseignant admirablement sur les tribus livrées à elles-mêmes, ne me préparèrent que fort peu à ce qui m'attendait dans la curieuse école de Carlisle.

J'y arrivai de grand matin afin de pouvoir assister aux classes qui n'ont lieu qu'au commencement du jour, partagé entre l'étude et le travail manuel. A peu de distance d'une jolie ville, au milieu des meilleures influences agricoles et industrielles, se dressent les grands bâtiments épars, gaiment décorés de vérandas qui couvrent l'enceinte d'un ancien blockhaus où jadis les premiers colons du voisinage venaient chercher refuge contre les attaques de ces mêmes aborigènes dont les petits-fils s'instruisent ici dans les arts de l'homme blanc. Pendant la guerre de la Révolution, le blockhaus devint un lieu de détention pour les prisonniers ; le corps de garde qui reste de ce temps-là fut construit par les Hessois battus à Trenton en 1776. Les casernes qui s'élevèrent depuis, et qui servaient de point de départ ou de rendez-vous aux troupes américaines durant les guerres avec l'Angleterre, le Mexique, etc., furent brûlées par les confédérés à la veille de Gettysburg, puis reconstruites pour loger une école de cavalerie. Elles étaient redevenues sans emploi quand le gouvernement y établit son école indienne. On dirait un village derrière la haute palissade environnante. Je me rends droit à la demeure du surintendant et, au seul nom de miss Fletcher, je suis cordialement reçue par le capitaine Pratt, dont la physionomie napoléonienne me frappe au premier aspect ; un Napoléon très américanisé sans doute et de stature athlétique ; mais il doit avoir le sentiment de cette ressemblance, la mèche ramenée sur son front l'atteste. Je remets à plus tard de faire connaissance avec la femme intelligente et dévouée qui l'assiste dans sa tâche, et, sans perdre une minute, nous visitons les classes. La co-éducation règne à Carlisle sans plus d'inconvénients entre Indiens qu'elle n'en a entre nègres ou entre blancs ; j'aurai vu fonctionner pour toutes les couleurs ce système, réputé en Europe à peu près impraticable. Il m'est donc impossible de séparer ici les filles des garçons, malgré le désir que j'aurais de m'en tenir strictement du haut en bas de l'échelle sociale à la condition des femmes en Amérique. Les classes, faites par des professeurs blancs qui s'adjoignent comme aides les élèves les plus avancés, formant une espèce de petite école normale, ne conduisent pas la masse des Indiens de Carlisle au-delà de ce qui dans les écoles publiques est nommé *grammar school*. Elles présentent un aspect bizarre par le mélange d'hommes faits et de tout petits enfants, — les plus vieux, arrivés tard de leurs réserves respectives, étant souvent ceux qui en savent le moins. Il y a là des figures destinées à rester opiniâtrement sauvages, mais le capitaine Pratt ne désespère pas de les modifier.

Il me montre ses ingénieuses photographies comparatives où sont marqués les progrès du type humain, abruti ou féroce au début, sculpté ensuite par l'initiation graduelle à des mœurs plus douces. Si l'on monte ainsi jusqu'à la classe des gradués de 1890 ou de 1894, on voit une réunion de jeunes gens des deux sexes qui ne serait déplacée nulle part. Cependant la beauté, telle que nous l'entendons, ne s'y rencontre guère ; la large face, les fortes pommettes et la conformation osseuse singulièrement massive, contribuent à donner une apparence lourde à presque tous les Indiens que j'ai vus en habits européens. Le teint chaud et vermeil qui ne peut se comparer qu'à l'éclatante coloration des feuillages d'automne en Amérique et que fait valoir encore le noir intense et brillant de la chevelure, étonne aussi, mais sans déplaire. Certains croisements avec la race blanche ont produit de jolies figures ; entre toutes je citerai Mlle Rosa Bourrassa, une Chippewa qui a du sang français dans les veines et qui est à la fois un excellent professeur, une bicycliste émérite, et une charmante jeune fille. Il va sans dire que pour tous la transformation n'est pas également radicale ; les Indiens qui atteignent aux grades universitaires sont rares, mais il n'y en a pas de si déshérité qu'il ne puisse devenir cultivateur.

On commence par leur donner une instruction élémentaire en anglais dont j'ai vu les résultats dans des compositions d'orthographe et de style très amusantes. Les sujets proposés étaient les suivants : « Comment harnache-t-on un cheval ? » pour les garçons. « Comment se fait un lit ? » pour les filles. Une pauvre petite avait écrit à ce sujet : « Quand j'ai dû faire un lit pour la première fois, j'ai eu grand'peur... » Puis elle racontait assez clairement ses essais infructueux, son succès final, et achevait sur le ton du triomphe : « Je parie qu'il n'y a pas aujourd'hui dans toute l'Amérique un garçon ou une fille qui fasse un lit mieux que moi ! »

Quelques-unes en restent là, d'autres s'élèvent au rang de missionnaire, de maîtresse d'école ou d'infirmière ; plusieurs jouent agréablement du piano, comme une petite Nez Percé qui, sans se faire prier, exécuta devant moi un morceau à quatre mains avec une de ses compagnes. Elles m'ont paru avoir du goût pour le dessin ; j'ai vu quelques croquis d'après nature où l'on pouvait relever des qualités de verve et de sincérité quasi japonaises. Une élite se prépare aux plus hautes études ; mais peu importe au capitaine Pratt que les élèves des deux sexes sortis de chez lui accomplissent ou non des prodiges ; ce qu'il veut c'est les faire entrer tous dans la civilisation américaine, fût-ce par une porte modeste, en gagnant leur vie au milieu des blancs et aux mêmes titres.

— Ils ne sont que 250000 Indiens en tout, me dit-il, et sur ce nombre, 35 000 seulement comptent pour l'avenir. Nous devons arracher ceux-là aux fatalités de la tribu, les jeter bien équipés dans le monde sans étiquette spéciale, empocher par tous les moyens possibles qu'ils ne retournent aux réserves. L'école de la réserve ne peut pas grand'chose pour des enfants qui continuent à subir l'influence du milieu. Ce qui manque aux Indiens, comme aux nègres, c'est moins encore la science que l'expérience ; il s'agit de leur apprendre à penser clairement et consécutivement ; leur

110

jugement n'est pas formé, c'est tout naturel ; peu à peu, pendant une longue suite de générations, la race blanche a fait l'apprentissage de la pensée ; l'éducation de nos enfants a commencé bien avant leur naissance. Les Indiens, longuement mis au régime des blancs, ne vaudront ni mieux, ni moins qu'eux... le peu qui en survivra du moins, ajoute le capitaine Pratt.

— Mais, osai-je hasarder, chacun de vos élèves a une famille pourtant ; il faudra bien que tôt ou tard il aille la retrouver.

— Pourquoi ? Les missionnaires parlent ainsi au nom d'un prétendu devoir et font beaucoup de tort à la cause indienne. Il faut savoir quelle dégradation existe dans ces tribus dont on se plaît à idéaliser les mœurs, comme les hommes y reviennent vite « à la couverture », et combien les filles, persécutées par leurs propres mères, ont de peine à échapper à d'ignobles unions polygames ou autres. Les Indiens qui, sortis d'un collège quelconque, retournent à la réserve, deviennent les pires de tous ; ils ont été élevés, ils connaissent leurs droits, ils ont vite fait de prêcher la révolte. Le tenir à l'écart de la tribu ou le laisser y retourner, c'est, selon le parti qu'on prendra, une affaire de vie ou de mort pour l'Indien. Cruauté, dites-vous, cruauté envers les parents ? Bah ! je voudrais savoir s'il existe une famille blanche de quelque valeur dont les membres ne soient pas dispersés. Les vieux s'opposent... eh oui ! sans doute ! Croyez-vous que les parents irlandais ne s'opposent pas aussi très souvent à ce que leurs garçons émigrent, et, cependant, Dieu sait que les Irlandais ne sont que trop nombreux chez nous ! Favoriser le développement de l'individualité et rompre les masses, voilà le bon système américain, et il convient à tous aussi bien qu'aux Indiens, qui ne sont pas des gens à part. Les 35 000 Italiens agglomérés dans Philadelphie donnent de la tablature, et si nous permettions à tous les Allemands qui nous arrivent de se rassembler dans le Wisconsin, nous aurions vite créé une Allemagne en Amérique ; ne perpétuons pas ce problème, ne transformons pas en nations hostiles les tribus qui s'effacent.

On voit que le capitaine Pratt a plus qu'une ressemblance physique avec Napoléon. C'est un politique habile, et il exprime a merveille ce qu'il conçoit très nettement. On en a chaque année la preuve à la conférence du lac Mohonk, où s'agitent les questions indiennes.

Tout en causant, nous visitons les boutiques et les ateliers. J'y vois fabriquer de la ferblanterie, des souliers, des harnais ; la bourrellerie est une spécialité des Indiens ; tout ce qui touche au cheval les intéresse, et le gouvernement fait ses commandes à Carlisle ; ils sont aussi très bons forgerons et charpentiers. Tout le pain consommé est pétri et cuit par eux à la boulangerie de l'école. Ils s'occupent de la laiterie, du jardin, travaillent à la ferme avec zèle. Les filles, dans leurs ateliers spéciaux, s'adonnent au blanchissage, à la lingerie, à la couture ; elles font elles-mêmes leurs robes d'uniforme en laine bleue et sont autorisées à les garnir comme bon leur semble ; dès qu'elles y mettent du goût et tiennent compte de la mode, on peut être sûr que l'œuvre de civilisation est accomplie. Le proverbe connu doit être modifié ainsi pour les Indiennes : « Dis-moi comment tu t'habilles, je te dirai qui tu es ! » Les élèves tailleurs et couturières fabriquent tous les vêtements dont l'école a besoin.

Les quartiers respectifs des étudiants des deux sexes sont absolument séparés, cela va sans dire. Les petits me semblent logés dans des conditions de confort toutes spéciales. Une dame dirige leur *home* avec la plus maternelle sollicitude. Le joli appartement qu'elle occupe au milieu d'eux doit leur apprendre de bonne heure ce que c'est que l'ordre et même l'élégance. Aussi rangent-ils soigneusement leurs petites chambres.

Les jeunes filles prennent l'habitude d'un intérieur bien tenu dans les agréables logements qui leur sont assignés, chambres à deux ou trois lits qu'elles peuvent décorer à leur guise. J'y remarque un grand luxe d'images symboliques, par exemple : Jésus ressuscitant la fille de Jaïre, — ou bien une forêt touffue avec cette inscription : « Je te mènerai par des chemins que tu ne connais pas. » Nous pénétrons dans le petit hôpital admirablement aménagé ; deux ou trois pauvres filles y languissent ; elles portent les signes de cette consomption qui fait tant de ravages parmi les Indiens. La phtisie, les affections scrofuleuses, les maux d'yeux, la terrible hystérie sont leurs pires ennemis. Ils ont beaucoup moins de force vitale que les nègres qui, eux-mêmes, en ont moins que les blancs. Cependant, sous l'influence d'un entraînement physique et mental régulier, leur système nerveux se fortifie. Ceci m'est affirmé par un jeune médecin apache attaché à l'établissement.

L'imprimerie m'intéresse d'une façon toute particulière. On y imprime deux journaux que depuis lors j'ai continué à lire assidûment : l'un d'eux hebdomadaire : *The Indian helper*, l'Aide des Indiens, qui tient le monde extérieur au courant de tous les incidents caractéristiques de l'école ; l'autre : *The Red Man*, l'Homme rouge, où est traitée à fond la question indienne. Beaucoup d'articles de ces deux feuilles sont écrits par les gradués de Carliste, et il arrive qu'on y donne place aux compositions naïves de quelque nouveau venu.

Un grand silence règne dans les ateliers comme dans les classes : l'attitude de tous ces Indiens me frappe par une sorte de dignité un peu triste. Mais le capitaine répond à mes réflexions qu'il faut les voir dans les parties de *base ball*, de *foot ball* et autres exercices athlétiques, qui s'engagent entre eux et les jeunes gens des écoles voisines. Leur entrain ne le cède à celui de personne. — Violents, querelleurs ? Non, pas plus que d'autres ; depuis quatorze ans il n'y a eu qu'une rixe grave, et il s'en est remis pour le jugement des coupables à une espèce de cour martiale ; composée de leurs condisciples : les deux adversaires ont été condamnés à rester prisonniers au corps de garde jusqu'à parfaite réconciliation. — Et point de méfaits, de scandales d'aucune sorte ? — Nous avons eu un vol, répond le capitaine, un vol en quatorze ans ! J'ai arrêté moi-même le voleur et l'ai livré à la justice. — Quant à la moralité, il n'y a rien, absolument rien à reprendre.

Le capitaine Pratt surveille tout de ses yeux : — Non seulement, me dit-il, je parle leur langue, mais encore je comprends leurs gestes, un langage aussi compliqué, aussi rapide que celui des sourds-muets.

Il favorise très volontiers du reste les fiançailles, les mariages, surtout quand le jeune couple a le projet d'appliquer ses connaissances agricoles à la création d'une ferme. C'est le couronnement d'un système d'épargne auquel les Indiens s'habituent beaucoup plus facilement que les nègres. Un gain minime est attaché aux industries de l'école et pendant les vacances, quelquefois tout l'hiver, ils se louent dans les fermes d'alentour, ce qui leur fournit l'occasion de se mêler aux blancs : les hommes travaillent avec les fils de la maison ; les jeunes filles obéissent à la mère de famille ; et les notes de conduite envoyées régulièrement par le patron au directeur de Carlisle forment à la longue une sorte de dossier. Ce procédé ingénieux d'*outing*, comme on le nomme, a d'excellents résultats ; on ne peut suffire aux demandes qui sont faites de tous côtés, les Indiens du capitaine Pratt ayant la réputation, rare chez leurs pareils, d'excellents ouvriers. L'argent qu'ils gagnent ainsi est placé au nom de chacun et les intérêts s'accumulent. Ils peuvent devenir indépendants : c'est là le rêve du capitaine. Le Congrès n'est rien moins que magnifique à leur égard ; toutes ses libéralités sont pour les nègres, plus inquiétants par le nombre. Il faut donc que les travailleurs indiens se suffisent à eux-mêmes, qu'ils se joignent de plus en plus pour cela aux associai ions ouvrières, aux *trades unions*. Les *outings* sont le premier pas vers ce grand résultat : être absorbés dans la nation, qui n'aura plus alors de prétexte pour leur refuser les privilèges de citoyens.

Tandis que nous causons, l'heure du second déjeuner sonne ; on me fait entrer dans l'immense salle à manger, encore parée des guirlandes de Noël. Les élèves sont distribués autour de cinquante-huit tables et chantent en chœur ce que nous appellerions un *benedicite* avant de faire honneur au repas avec un appétit de cannibales.

Et à mon tour j'accepte le lunch, offert par Mrs Pratt dans la maison du surintendant. Je fais connaissance avec une femme absolument dévouée à l'œuvre qui absorbe la vie de son mari. Elle a la foi, elle croit que l'Indien peut s'élever tout aussi haut qu'un autre sous de bonnes influences morales et religieuses. Mais lorsque je demande là-dessus, avec une précision catholique, à quel culte ils appartiennent, on me répond qu'il n'y a guère que deux cents garçons et filles répartis entre les diverses églises de Carlisle. Ils sont parfaitement libres sur ce chapitre ; la morale chrétienne et la prière en commun, voilà tout ce qui est exigé. Qui sait si quelques-unes des croyances sur lesquelles a tant écrit miss Fletcher ne se confondent pas pour eux, de plus en plus épurées et spiritualisées, avec l'enseignement de l'Evangile ?

Vers la fin du lunch j'entends, à ma grande surprise, attaquer brillamment sous les fenêtres l'ouverture du *Calife de Bagdad*. C'est l'orchestre de trente instruments qui donne une aubade à l'étrangère et qui, avec une courtoisie touchante, a choisi la musique de Boïeldieu pour lui rappeler la France. Dennison Wheelock, le chef d'orchestre, est un Oneida de pur sang, excellent musicien et même compositeur. L'orchestre de Carlisle obtint un immense succès à New-York le 10 octobre 1892, lors de la parade colombienne des écoles pour le quatrième centenaire de la découverte de l'Amérique. Il a été acclamé à l'ouverture de l'exposition de Chicago dans le défilé général dont le sens profond m'apparaît d'une façon toute nouvelle ; et maintenant encore, en se transportant d'une ville à l'autre pour diverses solennités, il sert puissamment la cause indienne : les descendants de Tecumseh et du Faucon Noir qui interprètent

Mozart et Wagner s'imposent bon gré mal gré à la civilisation. Dans une de ces tournées instrumentales à Washington, un élève de l'école put, sans exciter autre chose qu'une sympathique gaîté, prédire, en terminant un speech fort bien tourné, le jour où les siens, non contons de siéger au Capitole, monteraient peut-être d'un degré à l'autre jusqu'à la Maison Manche du président. Les étudiants de Carlisle, groupés par clubs, se préparent aux débats politiques de l'avenir, tandis que leurs sœurs se réunissent en sociétés littéraires comme dans les collèges blancs. J'ajouterai qu'à l'instar de beaucoup de faces pâles, les hommes rouges critiquent l'excès de culture chez le beau sexe, et que celui-ci se moque de la désapprobation masculine.

Tous ces longs détails sur une race qui ne compose aux Etats-Unis qu'une minorité infime, qui ne fait même point partie de la nation, n'ayant pas de représentants dans les assemblées politiques, seront trouvés, j'en ai peur, bien étrangers à mon sujet. Il m'a semblé cependant que l'effort fait pour marquer au sceau de l'individualisme américain ces enfants des dernières tribus, qui n'eurent point d'historien depuis Fenimore Cooper, méritait d'être signalé, d'autant plus que l'impulsion scientifique du mouvement en faveur des Indiens fut donnée par une femme ; que des femmes aident puissamment à les instruire ; et que, même dans les régions mondaines qui peuvent passer pour frivoles, les œuvres, les écoles, les missions indiennes sont à la mode. Autant que j'ai pu on juger, la méthode du capitaine Pratt est à beaucoup près la meilleure. Son défaut est de ne permettre aux Indiens civilisés d'honorer leurs parents que de loin. C'est dur, si l'on réfléchit que pour cette race la parenté constitue un lien quasi religieux qui ne peut sous aucun prétexte être rompu. Mais après tout, vous dira le Napoléon de Carliste, la société protectrice de l'enfance a, durant les trente dernières années, expédié dans l'Ouest, loin de leurs familles, plus de 75 000 petits blancs au nom de la morale chrétienne. C'est le cas d'en faire autant pour les Peaux-Rouges et d'arriver ainsi à supprimer les réserves, les agents civils, et même militaires, tout ce révoltant système d'exclusion qui refoule les premiers maîtres du pays hors de l'humanité civilisée.

IV.
Les écoles d'infirmières – Les femmes dans les hôpitaux

Ayant tant parlé des écoles, depuis les plus hautes jusqu'aux plus humbles, en ai-je fini du moins avec elles ? Non, car nous avons négligé de visiter celles qui rendent peut-être le plus de services, les admirables écoles de gardes-malades (*nurses*). Partout, on l'a déjà vu, les femmes affirment leur présence, — dans les universités, dans les instituts technologiques, dans les écoles professionnelles, — mais où elles sont en majorité c'est lorsqu'il s'agit d'élever les enfants ou de soulager ceux qui souffrent. La culture, si poussée qu'elle soit, laisse donc intacts chez elles les plus louables sentiments de leur sexe. Il y a dans 35 écoles 1350 infirmières pour 75 infirmiers. Toutes ne se destinent pas au service des hôpitaux ; il en est qui, sans ambition professionnelle, n'ont d'autre but défini que d'apprendre à soigner. J'ai déjà dit qu'en Amérique on ne se fiait pas assez aux lumières de l'intuition, que le goût de l'enseignement systématique était porté un peu trop loin ; en ce cas pourtant un apprentissage qui peut profiter à la famille, à la société, à soi-même, empêcher beaucoup de méprises bien intentionnées, mettre fin aux remèdes dits de bonne femme, n'est pas sans utilité très grande.

C'est à Baltimore que j'eus l'occasion de voir de près une école d'infirmières en parcourant l'hôpital de Johns Hopkins, l'un des plus beaux qui soient au monde. Situés au milieu de vastes terrains plantés d'arbres, dans un quartier salubre sur une hauteur qui domine la ville, les bâtiments, d'aspect monumental, offrent à l'intérieur toutes les recherches nouvelles de l'hygiène. Le fondateur y a magnifiquement pourvu. Qui était-il ? — Un épicier, quoiqu'il eût connaissance, comme on dit là-bas, de son grand-père. La famille de Johns Hopkins était arrivée dans le Maryland avec les premiers colons ; durant plusieurs générations, elle appartint à cette société des Amis dont la réputation d'intégrité est encore si solide, qu'il suffit pour faire la meilleure des réclames à un produit quelconque de mettre le nom de Quakers sur l'étiquette : *Quaker oats*, avoine quaker, etc.

Le jeune garçon qui, sans argent, vint d'Annapolis, sa ville natale, à Baltimore, pour commencer le commerce au dernier échelon, pratiquait, entre autres vertus de sa secte, l'économie, si rare presque partout aux Etats-Unis. Il ne s'enrichit point par ces spéculations vertigineuses qui sont la source de tant de colossales fortunes, mais petit à petit, sans rien livrer à l'aventure. Le négociant en denrées coloniales dut accepter ensuite de grosses responsabilités, il fut président de la Banque nationale des marchands, directeur de la Compagnie du chemin de fer de Baltimore-Ohio ; comme capitaliste, il s'intéressa à de nombreuses entreprises financières ; mais jamais il n'entra dans la vie politique, jamais il ne se mit en avant pour les sociétés d'éducation et de bienfaisance, tout en contribuant à les soutenir avec une générosité dépourvue de faste. Aux moments de panique commerciale, il prêtait volontiers l'appui de son crédit, et préserva ainsi de la ruine plus d'une société, plus d'un individu, toujours sans bruit, sans ostentation ; de même il exerçait chez lui une hospitalité simple et large et rassemblait tranquillement de beaux livres. Lorsque à 79 ans il mourut, célibataire, on apprit qu'il laissait trois millions et demi de dollars pour chacune des deux institutions qui sont aujourd'hui la gloire de Baltimore : l'Université et l'Hôpital.

J'ai eu le privilège d'être guidée à travers l'hôpital par le docteur Hurd, son surintendant, et il m'est resté de cette longue excursion dans les diverses avenues de la souffrance un sentiment de respect pour tout ce que les progrès sans cesse croissants de la science, de concert avec l'éternelle pitié, de plus en plus affinée, de plus en plus éclairée surtout, font au profit de notre douloureuse humanité. Conduite du dispensaire aux laboratoires, aux amphithéâtres d'autopsie et d'anatomie, jusque dans les chambres de désinfection, où des jeunes filles vêtues de toile blanche des pieds à la tête, souliers compris, s'acquittaient de leur minutieuse besogne, j'ai été présentée à une étudiante de l'université, qui, ceinte du tablier de rigueur, faisait de la bactériologie, côte à côte avec ses condisciples masculins. Dans les différentes salles occupées par les malades, j'ai serré la main aux infirmières, graduées presque toutes et charmantes sous le petit bonnet d'uniforme. La plupart appartiennent à de bonnes familles, nombre d'entre elles étant du Sud, ruiné par la guerre. Elles sont bien payées ; leur demeure, indépendante du reste de l'hôpital, est plus que confortable ; on y trouve la même élégance que dans les collèges : salons garnis de fleurs, salles à manger qui n'ont rien de commun avec le réfectoire vulgaire, vastes chambres joliment meublées. Dans une de ces chambres, je lis, attachées au mur, les paroles suivantes : — « Rappelons-nous que le moment qui fuit ne reviendra jamais et qu'il faut l'employer de quelque façon au bien d'autrui, car l'occasion perdue ne se retrouve plus ; on ne passe pas deux fois par le même chemin. » La surintendante des infirmières est aussi la principale de l'école où elles prennent leurs degrés après deux ans d'étude : cours et conférences par les plus excellents professeurs. La classe de cuisine spéciale a une grande réputation.

Une Virginienne au type de princesse, dont les yeux de velours noir expriment une langueur que semble démentir son infatigable activité, me dit en souriant : « Dans le Nord, n'est-ce pas, on nous trouve si paresseuses ! » Dans le Nord on attribue bien d'autres défauts aux dames du Sud, et celles-ci rivalisent d'injustice avec les dames du Nord. Les dernières inimitiés politiques subsisteront certes entre ces deux camps féminins. Mais, quoi qu'on ait pu me dire, je crois que très souvent il y avait des trésors de charité chez les propriétaires d'esclaves. Il me suffit pour acquérir cette certitude de suivre la belle infirmière virginienne de salle en salle jusqu'à la chambre où deux pauvres nègres achèvent de mourir. Couchés sur le dos, immobiles, la blancheur immaculée des draps tranchant sur leur teint d'ébène terni, ils n'ont même plus la force de rouler les yeux, ces yeux africains incomparablement beaux quand l'expression grave de la fin prochaine y a remplacé une certaine mobilité animale. Les lèvres tirées sur les dents éblouissantes ont perdu leur épaisseur ; les pommettes saillent comme si elles allaient percer la peau. Penchée sur l'un d'eux, la jeune *nurse* redresse ses oreillers en lui adressant quelques mots de la voix douce qu'aurait une mère pour parler à son enfant.

— Ainsi, lui dis-je, malgré tous vos préjugés de race, vous n'éprouvez pas de répugnance à toucher, à servir les nègres ?

— Moi ! répond-elle avec étonnement : ce sont mes malades préférés. Je n'ai jamais parmi eux rencontré un ingrat.

Et je jurerais que, née quarante ans plus tôt, elle les eût soignés de même sur sa propre plantation.

Nous allons dans une salle voisine trouver d'autres nègres qui commencent à se lever après la fièvre typhoïde : ceux-là aussi sont bien bas. Ils gardent le silence morne et patient de la bête blessée. Une petite fille de leur race, une bambine de trois ans, ravissante statuette de bronze, joue dans une des salles de convalescence réservées aux femmes, courant et gambadant du droit que s'arroge à tout âge la beauté, quelle que soit sa couleur, de faire ce que bon lui semble.

Combien sont-elles blanches et claires ces vastes salles attiédies à l'eau chaude, ventilées d'après les plus savantes méthodes ! De grandes plantes vertes les décorent, égayant les yeux des malades, et sur la terrasse se promènent, roulées dans de petites voitures, des femmes pâles encore, mais à demi guéries. La vue s'étend de la magnifique sur Baltimore qui, avec les toits plats et rouges de ses maisons peu élevées, les dômes et les flèches de ses monuments, son doux climat et ses jardins, fait penser un peu, embrassé ainsi de loin et d'en haut, à l'Italie. Il doit être moins pénible de souffrir et de mourir ici qu'ailleurs. Jamais je n'aurais cru qu'un hôpital pût avoir autant de charme : c'est le seul mot à employer pour rendre l'effet qu'il a produit sur moi, si riant, si ensoleillé, si largement ouvert à toutes les meilleures influences, influences religieuses comprises, car feu Johns Hopkins, s'il était quaker par les beaux côtés, ne l'était pas par l'étroitesse. Les ministres de tous les cultes sont admis librement dans la maison. Quoi contraste avec l'intolérance d'un philanthrope libre penseur, d'origine française, hélas ! Stephen Girard, qui, fondant à Philadelphie, sur une échelle énorme et magnifique, sa maison des orphelins, en défendit l'accès à aucun prêtre, d'aucune confession que ce fût ! Du reste, l'impiété n'y règne pas pour cela : ce sont des laïques qui instruisent les écoliers dans les choses divines. Je n'ai cessé, durant mon séjour en Amérique, de constater avec une surprise ravie combien harmonieusement le double élément laïque et religieux concourait aux mêmes résultats. Ces mots qu'on entend souvent chez nous lorsqu'il s'agit de se donner, en dehors des congrégations établies, à un ministère quelconque : « Il y a des prêtres, il y a des religieuses pour cela, » ne sont jamais prononcés ; l'initiative privée est infatigable en matière de bonnes œuvres, et les églises n'en prennent point ombrage ; elles s'accommodent de toutes les collaborations, sans que le désir de primer, d'accaparer, se manifeste d'un côté ni de l'autre. Longtemps je me suis demandé si cette tolérance était spéciale aux églises protestantes ; ceux de mes lecteurs qui m'ont suivie jusqu'ici auront deviné, — car cela se reconnaît pour ainsi dire à l'accent, — que toutes les organisations féminines si indépendantes dont je leur ai parlé, relevaient du protestantisme. Les Etats-Unis, malgré ce que nous savons des progrès qu'y fait l'Eglise catholique, tiennent fortement à lui par leurs racines mêmes, la multiplicité des sectes qui le représentent prouvant, mieux que tout le reste, combien il est vivace. J'attribuerais volontiers au libre examen l'exubérance de l'individualité, ce caractère essentiel de l'Amérique.

On ne se figure pas la culture bostonienne fondée sur une autre base que le vieil esprit puritain ; le mélange de morgue et de simplicité qui distingue Philadelphie, où de si grosses richesses se cachent dans des maisons petites et uniformes, atteste la présence de l'élément quaker plus ou moins mitigé ; partout l'église unitaire, grâce à sa remarquable élasticité, est le refuge de ceux qui tiennent à une profession religieuse aussi peu dogmatique que possible, tandis que l'église épiscopale, à laquelle le grand prédicateur Phillips Brooks amena, par son exemple et l'entraînement de sa parole, tant de recrues nouvelles, satisfait les consciences plus timorées qui tiennent à s'appuyer sur les formes précises d'un christianisme très proche du culte romain. Mais celui-ci ne m'a paru dominer franchement au Nord que dans le cosmopolite New-York : or tout le monde sait que, sur les deux millions et demi d'habitants que New-York renferme, un quart seulement peut revendiquer le nom d'Américains ; le reste appartient à toutes les nations du globe plus au moins complètement assimilées. Hors de là j'ai toujours eu, de l'Est à l'Ouest, le sentiment que le catholicisme devait son accroissement à l'immigration continue, et qu'il fallait tout le tact, toute la prudence, toute la supériorité de deux ou trois grands prélats animés du plus pur patriotisme pour éviter des chocs regrettables avec les écoles publiques, qui sont au fond pour les vrais Américains l'arche sainte. Lorsqu'on approche du Sud au contraire, il semble que le climat et les caractères se prêtent mieux aux influences latines, que la fusion devienne beaucoup plus facile. Je l'ai compris à l'hôpital de Johns Hopkins, qui réunit parmi ses infirmières des protestantes nées avec un tempérament de sœurs de charité ; des catholiques entraînées par goût vers les études médicales sans avoir le moyen de les pousser très loin ; des personnes obligées simplement, science et religion à part, de gagner leur vie d'une façon honorable ; mais toutes elles ont un trait en commun ; elles sont consciencieuses et dévouées.

Une blonde Baltimorienne dont je vois encore la svelte silhouette, la démarche légère, m'a dit, en m'offrant gaiement ses services :

— Avec quel chagrin nous avons appris que la France se privait du secours des religieuses dans les hôpitaux ! Il était si facile de les garder avec les *nurses* laïques ! Pourquoi ne pas travailler côte à côte ? Chez nous il en est ainsi quelquefois, et la tâche n'est que mieux faite.

Une très jolie Pensylvanienne, dont les cheveux bruns frisottés semblent soulever un tout petit bonnet de mousseline à la paysanne, me répond avec franchise, lorsque je lui demande indiscrètement si c'est une vocation qui l'a conduite à soigner les malades ou bien le désir de se créer une carrière :

— C'est l'un et l'autre.

Vraiment ceux d'entre nous qui ne comptent pas uniquement sur l'administration et sur l'assistance publique pour moraliser et secourir les déshérités d'ici-bas apprendront avec plaisir que la charité séculière peut être religieuse à ce point.

Devant les fondations charitables de Baltimore, j'ai senti partout la présence d'un élément de tendresse qui n'existe pas toujours, bien loin de là, dans l'âme américaine. La philanthropie du Sud n'est pas tout à fait celle du Nord ; elle m'a paru plus instinctive, plus chaude, plus colorée pour ainsi dire, et moins savante dans son organisation ; elle ne s'inspire point au même degré de la sociologie moderne ; ses bienfaits pleuvent indistinctement sur le juste et sur l'injuste, que d'ailleurs on aurait quelque peine à catégoriser, quand il s'agit de nègres par exemple. J'expliquerai mieux ce que je veux dire en donnant un aperçu de l'hôpital de la Charité à la Nouvelle-Orléans. Beaucoup plus ancien que celui de Baltimore, il a dû rendre bien des services dans ce climat longtemps meurtrier où sévissait la fièvre jaune, et avec quelle fureur ! Son premier bienfaiteur fut, en 1784, un pauvre marin français qui légua ses économies à la ville en reconnaissance des soins qu'il avait reçus, afin que d'autres fussent soulagés de même. Dès 1832, le misérable petit hôpital se transforma, grâce aux dons de citoyens riches, qui, avec l'aide de l'Etat, lui ont donné les proportions voulues pour loger à l'aise le contingent ordinaire de huit cents personnes, nombre qui est même susceptible de s'accroître. Là j'ai trouvé l'idéal de la tolérance : j'ai vu travailler de concert, comme on m'en avait avertie, les sœurs de Saint-Vincent de Paul et les *nurses* protestantes. Rien de plus touchant que cette association de l'expérience et de la science, formée, malgré les différences du dogme, par la religion de l'humanité. Les bonnes sœurs furent un peu émues d'abord lorsqu'on leur adjoignit ces alliées relativement mondaines : elles leur rendent justice maintenant, et la supérieure, l'une des plus aimablement autoritaires qui aient jamais coiffé la cornette blanche, est restée du consentement de tous à la tête de l'administration générale. Son nom est vénéré dans la ville, où elle compte comme une puissance.

Ah ! cet hôpital de la Nouvelle-Orléans, au lendemain du carnaval, comment l'oublier jamais ? Tous ces lits occupés par de jeunes négresses, à la physionomie farouche, plus ou moins tailladée de coups de couteau, — c'est souvent la fin des nuits de mardi gras, — fort peu malades, du reste, grignotant des biscuits d'un air boudeur et détournant leurs têtes hérissées de petites nattes !

— Elles ne recommenceront plus, elles se rappelleront la grâce que Dieu leur a faite en les amenant ici, elles seront de bonnes filles, disait la supérieure en passant auprès d'elles.

Puis elle caressait la toison crépue d'un diablotin noir, tout petit, qui mangeait à belles dents, lui aussi, comme s'il n'avait pas eu la jambe cassée.

— Ses parents ne se sont même pas donné la peine de l'apporter eux-mêmes ; nous avons de bonnes voitures d'ambulance qui ramassent tout cola, Dieu merci !

Et enfin, dans les chambres, trop belles au dire de certaines personnes austères qui jugent que tant de gâteries équivalent à un périlleux encouragement, dans les chambres réservées aux nouvelles accouchées, des blanches celles-là, dont aucune n'avait l'anneau de mariage au doigt :

— Voyez-moi ces deux jumeaux ! — Et l'excellente supérieure avait tout de bon un sourire de grand'mère. — Les dames de la ville fabriquent pour nos enfants des layettes qui ne sont pas du tout des layettes de pauvres. On les promène dehors avec de grandes pelisses et ces gentils petits bonnets. Les mamans ont regret de laisser tout cela derrière elles lorsqu'elles s'en vont. Mais ce sont quand même quelques bonnes journées pour elles et pour les petits. Pauvres filles !

J'admirai les broderies, les dentelles, les petits béguins de soie, mille fanfreluches trop coquettes au gré du rigide lion sens, avec un battement de cœur extraordinaire, celui qui nous prend quand, après une longue traversée, nous découvrons d'un peu loin encore les rives déjà visibles de la patrie. Le contraste de ce langage ingénu, passionné, avec tout ce que, pendant six mois, j'avais entendu de scientifique au Nord, sur le même sujet, m'avait saisie ; je me trouvai soudain dans un pays proche parent du nôtre, où les habitants d'origine française sont presque aussi nombreux que les Anglo-Américains ; dans un pays qui appartint à Louis XV et à Napoléon, et qui s'en vante et qui le rappelle sans cesse avec une rancune émue. Que peut-il avoir de commun avec la Nouvelle-Angleterre ou la Pensylvanie ? Non, la charité du Sud n'est pas et ne sera peut-être jamais celle du Nord, mais quel que soit le caractère qu'elle prenne dans les climats les plus divers, au nom de la morale ou au nom de la pitié, la charité entre les mains des femmes reste toujours ce qu'il y a de meilleur au monde. L'essentiel est qu'elle soit faite, comme on la fait dans tous les Etats-Unis, catholiques ou protestants, d'une manière qui mette étroitement en rapport les riches avec les pauvres et qui, tout en respectant les droits des congrégations, partout où celles-ci existent, ne décerne à personne le monopole des devoirs légués par l'Evangile à tous.

Mais en parlant d'une vertu commune à l'Amérique entière, j'ai passé inconsidérément la ligne qui s'appelait, avant la guerre, celle de Mason et Dixon. Cette fameuse ligne, tracée entre la Pensylvanie et le Maryland, séparait deux sociétés alors tout à fait dissemblables et qui offrent aujourd'hui encore, malgré l'unité accomplie, des oppositions frappantes. Les mœurs, les caractères, les traditions ne se laissent pas modifier d'un trait de plume comme les frontières, et, quoi que paraisse en penser le Nord, qui a sur ce chapitre les illusions naturelles aux vainqueurs, la complète assimilation d'idées et de sentiments ne sera point parachevée de longtemps, si la reconstruction politique est faite. Je reviendrai bientôt au Sud, et je ne m'attarderai que trop peut-être à la Nouvelle-Orléans où m'attendait cette inoubliable impression d'un quasi-retour dans la patrie. On ne peut nier toutefois que la condition des femmes américaines soit beaucoup plus intéressante à étudier dans le Nord, justement parce qu'elle diffère de la nôtre d'une façon plus radicale.

Dans le Nord seulement, les femmes portent une agitation de parole et d'opinion autour des problèmes sociaux. Les dames du Sud en sourient avec un peu de malice et gardent quant à elles l'attitude, sinon précisément des jeunes filles, du moins des épouses et des mères françaises. Elles vivent pour leurs maris, pour leurs enfants, pour leur intérieur, pour le monde, sans sortir de ce cercle étroit, à moins de circonstances graves, comme par exemple celles de la guerre de Sécession qui, sous l'éperon du patriotisme, les transforma toutes, du jour au lendemain, en héroïnes.

Chapitre III

En Louisiane

I. Vers le Sud

L'une des impressions les plus vives que j'aie reçues durant mon séjour aux États-Unis a été celle du brusque passage d'une tempête de neige dans le Nord à un printemps quasi tropical dans le Sud. Encore ces contrastes de la nature extérieure m'ont-ils frappée beaucoup moins que la différence des mœurs et de l'esprit chez les habitants de ces deux régions si opposées. C'était à l'époque du plus beau carnaval qui soit au monde : celui de la Nouvelle-Orléans. De tous les points du continent on y afflue. Je tombai de la vie pratique en pleine fantaisie, de la réalité dans un conte bleu.

Mon train avait quitté New-York au milieu d'un *blizzard* effroyable. L'atmosphère cependant s'éclaircit assez vite et je pus distinguer, sur de vastes et monotones étendues, ces espèces de jouets d'enfants en bois savamment découpé qui représentent presque partout les maisons de campagne. L'immensité d'un paysage sans relief ni détails les faisait paraître plus petites encore ; on eût dit autant de châteaux de cartes épars sur un tapis illimité de velours blanc. Ce tapis réussissait à tout cacher sauf, çà et là, les affiches gigantesques aux enluminures barbares qui déshonorent les plus beaux sites, les solitudes les plus agrestes d'un bout à l'autre des Etats-Unis, recommandant des toniques, des purgatifs et autres drogues auxquelles sont liés les noms de Hood, de Pitcher, de Carter, etc., peints en lettres d'un pied de haut sur les barrières des champs, sur le toit des granges et des bergeries. *Hood's sarsaparilla, Hoocls Cures*, ou simplement *Hood's*! perçaient encore quelquefois la neige. Ce n'étaient d'ailleurs que rivières gelées, stalactites attachées par l'hiver à la paroi des rochers qu'a fait sauter la mine. Les villes manufacturières, telles que Newark, mêlaient par intervalles le noir de leurs usines, de leurs établissements métallurgiques, à cette blancheur salie par la fumée. Soudain l'intervention d'un incendie flamboyant changea toutes choses ; après South-Elizabeth il éclata dans le ciel ; nous eûmes le spectacle d'un de ces couchers de soleil septentrionaux qui, par une heureuse compensation, sont, non moins que les blizzards, particuliers à l'Amérique. Toute la neige en resta rose, d'un rose palissant jusqu'au gris violâtre et livide qui fait penser à la mort. Après quoi la nuit se déroula, épaisse et profonde. Philadelphie m'apparut connue une éblouissante agglomération de feux électriques tandis que, dans le train énorme et surchargé, s'affirmait, égoïste et brutale, la lutte pour l'existence. On faisait queue à la porte de la salle à manger, et c'était une formidable poussée pour conquérir une petite table où le repas disputé n'arrivait qu'après une longue attente. Cependant les domestiques nègres mettaient beaucoup plus de vivacité à transformer notre vestibule-salon en dortoir ; mais là encore on était serré à faire pitié. Il fallait, vu le nombre des voyageurs, s'accommoder de couchettes superposées, se résigner à dormir deux par deux, sous les mêmes rideaux, hommes et femmes pêle-mêle. Tout le monde voyage en Amérique et sans distinction de classes. Telle petite bourgeoise ou du moins une personne qu'ici on appellerait de ce ; nom, — une vieille fille qui n'irait jamais chez nous plus loin que le chef-lieu de son département, — se rend de la Nouvelle-Angleterre au Texas, munie d'un petit panier de provisions et de sa Bible. Tel fermier pensylvanien, à cheveux blancs, au visage sévère, l'ait, accompagné de sa fille, la tournée circulaire jusqu'à San Francisco. Il est rangé sur la planchette au-dessus de moi : — *Behave yourself* ! Conduisez-vous bien, *poppa* ! lui crie la jeune fille en riant de mon ennui.

Il est desséché par soixante ans de travail, léger comme une plume, ce qui me rassure un peu. On m'a raconté mainte histoire aussi terrible qu'humoristique de cadres rompus et d'alertes nocturnes qui se sont terminées par des coups de pistolet lâchés à l'étourdie ! Mais c'était sans doute avant la création de ces Pullmann luxueux auxquels ne manque aucun engin de confort, le tout solidement établi. N'importe, un train au grand complet, fût-il magnifique, n'est jamais agréable à l'heure des repas ni à celle du coucher. Le reste du temps on ne s'aperçoit point de l'encombrement, chacun étant dispersé, qui au fumoir, qui sur les plates-formes extérieures, et assuré dans tous les cas de la possession d'un fauteuil assez large pour représenter au moins deux places de nos wagons de France.

Quand on est du vieux monde, on dort plus ou moins mal, agité par le va-et-vient qui se produit à chaque station, par le moindre frôlement suspect le long des rideaux boutonnés, sous lesquels on gît en compagnie de sacoches qui renferment le nerf du voyage. Mais quel moment intéressant que celui où le jour commence à poindre, où, encore couché, on écarte les rideaux de sa fenêtre ! — Je me rappelle tant et de si vives surprises à cette heure de l'aube depuis mon arrivée en Amérique ! Le matin mémorable, par exemple, où, débarquée de la veille, je m'éveillai dans l'Ouest devant une pancarte beaucoup plus haute que les maisons environnantes et qui portait en grosses lettres : « Ceci est Battle Creek, Michigan, à mi-chemin entre Chicago et Détroit, une ville manufacturière toujours grandissante, de 18 000 âmes déjà. » Suivaient tous les avantages offerts par Battle Creek, depuis les innombrables facilités de transport pour les marchandises jusqu'à l'imprimerie, « la plus belle du monde. » Un million de dollars répandu chaque année en salaires. « Nous invitons l'industrie de l'univers entier à se joindre à nous. *Welcome* ! » Et cette bienvenue, criée au bord du chemin, avait toute l'ampleur de l'hospitalité américaine avec l'inévitable mélange de hâblerie à demi consciente. D'autres fois, devant quelque défrichement, le soleil se levait sur un village à peine sorti de terre : cabanes provisoires éparpillées, dépenaillées, chacun des colons plantant sa maison selon son goût, sans aucun souci du voisin ni des lois de la symétrie. Partout des souches percent le sol ; l'arbre abattu, on ne s'est pas donné la peine d'enlever ses racines, elles hérissent encore les rues toutes neuves de plus d'une ville déjà prospère, à plus forte raison un campement à peine conquis sur la forêt ! Mais quel est ce cavalier en chapeau de feutre, à tournure de cow-boy qui, sa sacoche en bandoulière, part au galop ? C'est l'agent de la civilisation, émule de Buffalo Bill, le porteur du courrier. Longtemps je l'ai suivi des yeux à travers la Prairie embrumée qui se déroulait comme une mer houleuse, en songeant aux espaces qu'il devait parcourir avant de rencontrer de nouveau un misérable groupe de champignons destiné à devenir avant très peu d'années une cité populeuse.

Par ce matin de février, dans le Sud, voilà autre chose encore. L'impression est lugubre, presque tragique : un monument funèbre commémoratif, des tombes éparses sous des cyprès, l'aspect d'un pays dévasté. Je suis sur le théâtre même de la guerre civile. Il y a pourtant plus de trente-trois ans que deux batailles, — celle de Bull-Run et celle de Manassas, — furent livrées ici successivement, presque coup sur coup. Les confédérés remportèrent cette double victoire, mais combien de revers la suivirent dont les traces subsistent encore ! Cet air de pauvreté, de délabrement, opposé à la richesse du Nord vainqueur ; ces cabanes en bois, plantées dans l'argile rouge, jaune ou blanchâtre qu'ont délayée des pluies diluviennes ; ces négresses en guenilles, aux attitudes simiesques, qui, le pied en dedans, nous regardent passer ; ces bois inondés, ces champs de tabac et de coton très fertiles sans doute, l'été venu, mais dont la nudité ajoute pour le moment à la désolation générale, — tels me paraissent être les principaux caractères de la Caroline du Nord. On y entre en quittant la Virginie au-delà de Banville, centre de la région du tabac. Danville est la première ; cité de quelque importance qui se montre après tant de villages fangeux accroupis au bord de rivières troubles sur lesquelles sont jetées des passerelles légères. Malgré la mauvaise saison et la pluie qui tombe, on se sent au midi. Cette physionomie méridionale est soulignée surtout par la couleur de la population. Des tas de négrillons grouillent pêle-mêle ; leurs mères, presque invisibles sous le *sunbonnet* en indienne qui les abrite aussi soigneusement que si le soleil brillait et qu'elles eussent un teint à ménager, s'occupent des chèvres et des poules. Toutes les localités que nous côtoyons sont consacrées à la préparation du tabac ; je ne vois que fabriques de cigarettes ; la campagne, dans l'intervalle de ces localités noirâtres, est d'un ton rouge foncé rehaussé du vert sombre et dur de la verdure éternelle des pins. Des bœufs tondent l'herbe rousse ; dans les clairières pratiquées au milieu des bois, les rangs pressés des souches doivent rendre la culture difficile. De temps en temps un nègre passe à cheval. Là où s'étendaient autrefois les riches plantations de leurs maîtres, ces anciens esclaves traînent la misère d'ouvriers mal payés, si j'en crois les haillons qui les couvrent. Des myriades de marmots plus ou moins charbonnés s'arrachent les sous que nous leur jetons chaque fois que le train s'arrête. On dirait de jeunes chacals se disputant une proie.

La Caroline du Sud où nous entrons après Charlotte a un autre nom, *Palmetto State*, un nom qui fait rêver de végétation tropicale : il n'y a pourtant pas encore trace de palmiers nains ni de lataniers sur notre chemin qui continue à courir entre des ravines boisées et des nappes d'eau grisâtres débordant parmi les broussailles et les défrichements. A Spartanburg, je suis tentée de descendre pour prendre la ligne d'Asheville. Elle me conduirait vers de merveilleux paysages, dans un climat que les gens du Nord vantent comme très doux en hiver et où les habitants du Sud vont chercher l'été une fraîcheur relative. Je songe avec regret que quelques heures seulement me séparent de cette branche des Alleghanys, les grandes Montagnes fumeuses, dont un romancier féminin, au talent viril comme son nom de plume, Egbert Craddock, a décrit les sauvages splendeurs. Il semble qu'en Amérique le sentiment de la couleur locale dans les œuvres d'imagination ait été porté au plus haut degré par les femmes. Bret Harte et Cable exceptés, nul n'approche sous ce rapport des *authoresses* qui se sont partagé pour ainsi dire les États-Unis : Sarah Jewett et Mary Wilkins nous ont donné l'essence même de la Nouvelle-Angleterre ; Mary Murfree (Egbert Craddock) est le peintre viril et puissant des montagnes du Tennessee ; Alice French (Octave Thanet) a l'Ouest pour domaine et nous fait respirer à pleins poumons l'atmosphère agreste de l'Arkansas ; Grâce King s'est réservé le Sud et les mœurs créoles. Elles ne font pas preuve seulement d'art en se consacrant ainsi chacune à sa province, mais encore de patriotisme, ce patriotisme de clocher qui est le plus sincère et le plus touchant. (Comment oublier par exemple cette description des *Montagnes fumeuses* :

« Toujours drapés des brumes de l'illusion, touchant toujours aux nuages qui leur échappent, ces grands pics font penser à quelque idéal aride qui aurait échangé contre le vague isolement d'une haute atmosphère tous les biens matériels du monde, moins âpre au-dessous de lui. Sur ces dômes puissants aucun arbre ne prend racine, aucun feu ne s'allume. L'humanité est étrangère aux Montagnes fumeuses ; l'utile chez elles est réduit à néant. Plus bas de denses forêts couvrent les pentes massives et abruptes de la chaîne ; au milieu de cette sauvage solitude, quelque défrichement montre çà et là le toit de planches d'une humble cabane. Plus bas dans la vallée, beaucoup plus bas encore, une rouge étincelle fait, au crépuscule, pressentir un foyer. Le grain pousse vite dans ces rares clairières, sur certains points où la terre est meuble ; les mauvaises herbes aussi pullulent à l'infini ; pour les extirper dans la saison humide les charrues se hâtent... » Et, travaillant aux champs, comme aucune femme ne le ferait dans les parties plus civilisées de l'Amérique, Egbert Craddock nous montre une belle fille qui interrompt souvent sa besogne pour contempler la fantasmagorie des brumes sur le front étincelant et chauve du grand pic, où disparut le prophète du pays emporté dans les nuées à la façon d'Elie, selon une légende locale. En réalité, le pauvre bon pasteur a donné sa vie pour la plus indigne entre ses brebis. Ayant enseigné toujours qu'il ne fallait pas tuer, il s'est substitué volontairement, sous le couvert de la nuit, à un misérable qu'on allait lyncher et peut-être en échange a-t-il retrouvé à l'heure du sacrifice la foi qu'il avait perdue tout en la prêchant aux autres. C'est un simple chef-d'œuvre que cette idylle tragique et je donnerais beaucoup pour en voir le théâtre à loisir. Malheureusement notre train s'est écarté de la route qui conduit vers la « Terre du ciel ». Nous roulons toujours parmi les mêmes bois de pins alternant avec des champs. On reconnaît le coton aux petites houppes blanches oubliées lors de la récolte et le maïs aux tiges nues pareilles à des bâtons qui çà et là se brisent.

A Greenville, je remarque une fois de plus, en atteignant la gare, les mots : « Salle d'attente pour les gens de couleur. » Ceux-ci ne sont pas autorisés à monter comme voyageurs dans les trains que prennent les blancs. Les Américains du Nord blâment cette rigueur ; en revanche, à la Nouvelle-Orléans, noirs et blancs se rassemblent devant Dieu à l'église, ce qui n'arriverait point à New-York ou à Boston. Le voyageur étranger ne saisit pas sans peine toutes ces nuances. Pour ajouter dans le cas présent à ma perplexité, la paisible vieille fille qui se rend au Texas avec sa Bible et son petit panier répond sèchement à l'exclamation indignée qui m'échappe par ces mots de l'Ecriture : « Le Christ lui-même a dit : — Il y a plusieurs demeures dans la maison de mon père. » Je crois que tout abolitionniste qu'elle soit, il lui serait désagréable de partager une éternité bienheureuse avec ces fils de Cham qui en réalité ne se présentent pas ici sous un aspect fort engageant. Et la campagne n'a rien non plus qui émerveille. A partir de Greenville seulement elle devient plus accidentée. La Géorgie nous montre au premier plan des forêts dont les

143

teintes se réduisent, hélas ! à la rousseur hivernale des chênes, mais elles sont magnifiquement situées, tantôt s'engouffrant dans des gorges profondes, tantôt orgueilleusement dressées sur des assises rocheuses et entrecoupées de blocs de granit qui ont roulé en désordre. Grande exploitation de bois, chemins pittoresques creusés entre les collines. Dans le lointain les montagnes qui forment le *Blue ridge* plaquent sur le ciel éclairci leurs découpures d'un bleu de lapis. Elles semblent nous suivre longtemps. Ce n'est pas la saison où les excursionnistes encombrent les hôtels qui avoisinent le mont Airy et les chutes de Tellulah ; rien ne se révèle à nous que la vie nègre étudiée probablement en ces parages mêmes par l'humoriste *Uncle Remus*, de son vrai nom Joël Chandler Harris, qui a fixé sa demeure à Atlanta. Elle est assez misérable, cette vie nègre, à en juger par l'état des fermes clairsemées et des cabanes croulantes en bois vermoulu, munies d'une cheminée extérieure qui descend en s'élargissant jusqu'à la base comme pour servir d'appui au reste. Des pourceaux en liberté se promènent loin de toute habitation, cherchant leur pâture dans les bois ; les balles de coton voyagent le long des routes sur de curieuses charrettes plaies traînées par des bœufs. Une des dernières choses, que je distinguerai à travers les ombres du soir sera la sempiternelle annonce : *Castoria ! Les enfants pleurent pour en avoir ! Castoria* !

Nous atteignons dans l'obscurité Atlanta où l'on change de train. Cette capitale de la Géorgie soutint un siège fameux contre le général Sherman et fut en partie brûlée. Il n'y paraît plus, c'est une cité florissante, fière de son commerce. Les rues brillamment éclairées m'apparaissent de loin pendant que nous nous installons pour la nuit d'une façon plus incommode encore que la veille, car des familles nombreuses sont venues se joindre à nous. Que disait donc jadis Hepworth Dixon que l'Amérique manquait d'enfants ? Pourquoi écrivait-il le chapitre inquiétant : *Elles ne veulent pas être mères* ? Bah ! il y a de cela près de trente années, plus qu'il n'en faut pour opérer un changement radical dans ce pays où tout marche si vite. Aujourd'hui le dévouement maternel est à la mode ; il est même poussé jusqu'à une exagération d'intensité que certains comparent volontiers au peu de dépense émotionnelle et sentimentale faite par les mères françaises ; et les *babies* pullulent partout. J'ajouterai, je répéterai plutôt, qu'ils affirment énergiquement leur présence ayant déjà la dose voulue d'individualité. Mais mon intention n'est nullement de médire pour cela des jeunes Américains. Habitués de bonne heure à la liberté des écoles publiques, ils ne ressemblent pas sans doute aux enfants français surveillés de près et dressés cependant à ne pas occuper d'eux : ils ne sont pas bien élevés à ce point de vue. La plupart semblent ignorer ce que nous appelons la déférence ; on ne leur a jamais enseigné à se tenir à leur place ; mais personne ne se tient à sa place en Amérique ; pourquoi les enfants commenceraient-ils ? Suffit qu'ils soient vifs, intelligents et drôles. Vous ne pouvez causer avec eux sans être stupéfait, presque intimidé par l'abondance de leurs idées générales. Cela s'attrape probablement au Kindergarten, qui prend l'enfant en Amérique aussitôt qu'il commence à faire des questions, et où tout contribue à développer chez lui la spontanéité en même temps qu'à lui faire ramener les effets aux causes. Avant le Kindergarten ils savent voyager. Il y a dans mon car une très petite fille qui ne peut encore que balbutier quelques mots ; pendant deux longues journées de route elle ne cesse de trottiner le long de la galerie qui sépare les places, souriant à celle-ci, à celui-là, à celui-là plutôt, car elle préfère les hommes. Sa mère lit dans un coin, levant les yeux de temps à autre pour voir trébucher la petite robe blanche qui perd l'équilibre : nous sommes lancés à toute vitesse. Plus d'une fois la bambine tombe, se relève silencieusement sans pleurer, ou bien se rattrape au genou d'un monsieur. S'il l'y invite, elle reste à jouer, à coqueter, oui, à flirter tout de bon comme elle le fera dans vingt ans, lui confiant sa poupée, lui jetant son mouchoir, riant, poussant de petits cris, très amusante. Pendant ces deux jours, je ne l'ai pas entendue geindre ou grogner une fois, dormant quand il le fallait, mangeant quand on voulait, et prenant son bain dans le cabinet de toilette des dames comme elle l'eût fait chez elle, de sorte qu'à l'arrivée, une autre petite robe blanche étant sortie du sac maternel, la jeune personne se trouva aussi fraîche, aussi élégante qu'au départ, distribuant des adieux de la main aux voyageurs séduits et prête à entamer de nouvelles conquêtes.

II.

La Nouvelle-Orléans

Notre descente à la Nouvelle-Orléans tint en vérité de la magie, magie qui commença ce dimanche-là dès le lever du soleil, un vrai soleil dominical. Il éclaira d'abord la région sablonneuse des pins aux branches desquels flottait, en drapeaux de deuil, ce parasite d'un effet mélancolique et bizarre qu'on appelle mousse espagnole. Du train qui glisse sur les deux bras de la Pascagoula, on aperçoit vaguement les grands navires à l'ancre dans le golfe du Mexique ; ils attendent leur chargement de bois de charpente. Plus loin, en passant près de Biloxi, le point où commença en 1699 la colonisation française, au milieu d'Indiens hostiles qui harcelaient cette poignée d'aventuriers, je devine, plutôt que je ne les vois, les îles de sable formant le long de la côte une espèce de chaîne, d'où résulte le Sund, le détroit mississipien. Encore, toujours des pins : par les trouées que guette mon regard, apparaît de temps en temps une courbe d'azur pareille à celle de quelque lac immense. Cette côte est très peuplée, le climat de la Passe Christian et des stations avoisinantes étant recommandé aux malades. Tout le long de notre parcours s'égrènent des maisons à vérandas plus grandes qu'elles, entourées de petits jardins où ressort sur un luisant feuillage vernissé le fruit d'or de l'orange amère. Arrivés à la baie Saint-Louis, qui a peu de profondeur, nous cheminons sur pilotis entre le ciel et l'eau. Il est délicieux de fendre ainsi de grandes étendues. Porté au ras de l'onde, le voyageur se demande presque s'il nage ou s'il est soutenu par des ailes. Et le rêve se prolonge à souhait, car nous nous arrêtons pour jouir d'une vue superbe sur le golfe lointain et sur les promontoires de la rive prochaine couverte de cyprès, d'yeuses, et de magnoliers, dont la verdure sombre sert de repoussoir par place à des joyaux de pourpre, quelque espèce d'érable, je suppose.

Un de mes compagnons de voyage m'effraye un peu en me disant que cette route aquatique n'est pas des plus sûres. Elle fut d'une construction très difficile à cause du taret destructeur qui a vite fait de cribler de trous les piles de bois sur lesquelles nous roulons. On finit, après des expériences de toute sorte, par tremper le bois dans de la créosote, ce qui le rend inflammable au contact de la moindre étincelle. Tout flamba en 1879. Espérons que notre plaisir ne sera pas troublé aujourd'hui avant la fin du spectacle de plus en plus captivant. A mesure que l'on approche de la rivière Perle, les sables disparaissent, les terres basses chargées d'une végétation à demi submergée semblent se fondre dans des marécages chers aux alligators ; ce sont des espèces de jungles hérissées de cannes et de lataniers, des savanes tachetées de bœufs qui enfoncent dans l'herbe mouvante, des « bayous » creusés par les fougueuses sorties du Mississipi qui se crée ainsi d'innombrables affluents. Devant ce combat de la terre et des eaux, je peux croire que la partie du globe où nous sommes en est restée au deuxième jour de la création. La parole : « Vous viendrez jusqu'ici, vous n'irez pas plus loin », n'a pas été entendue apparemment par ces flots troubles ; la séparation n'est qu'à moitié faite. Vraiment l'esprit s'égare dans ce paysage aquatique qui ne ressemble à rien au monde et ne devrait être habité que par des amphibies. Cependant, les qualités du sol humide et tiède tentent de nombreux horticulteurs ; ils cultivent, dans les enclos qui se succèdent, beaucoup de fruits et de fleurs. Des chapelets de roses grimpantes parent les vérandas où de jeunes femmes fixent sur nous leurs beaux yeux de créoles ; les négresses rient, le poing sur la hanche. Nous passons, me dit-on, de l'état du Bayou à celui du Pélican, du Mississipi en Louisiane. Je ne sais plus ce qui, de toute cette eau environnante, est la rivière Perle, le lac Borgne, les

Rigolets qui rattachent celui-ci au lac Pontchartrain, le lac Catherine ou le Sund. Des ponts-levis qui s'ouvrent pour laisser passer les bateaux nous portent d'une prairie tremblante à une autre, parmi les cyprès enguirlandés de mousses qui font penser à de sombres stalactites vivantes. Le Mississipi pourrait aussi bien être la mer, vu sa largeur, une mer jaunâtre. Nous abordons la ville du Croissant protégée par ses levées contre les empiétements du fleuve plus haut qu'elle. Ce n'est pas trop des plus solides défenses pour tenir en échec la violence et la perfidie d'un pareil adversaire.

Comment ne pas songer, en découvrant le port, à toutes les existences humaines qui s'engloutirent dans ce limon insondable avant que n'en sortît une grande ville, — aux malheureux colonisateurs français qui débarquèrent là pour mourir de misère ? Tandis qu'on s'arrachait à Paris les chimériques actions du Mississipi, tandis que la fureur de l'agio atteignait son paroxysme dans les antres de la rue Quincampoix, les victimes les plus naïves du système de Law émigraient bravement. Ce fut au début un élan volontaire, puis des recruteurs eurent recours h la fraude, aux enlèvements même ; enfin les prisons elles hôpitaux vomirent leur écume sur ce rivage apparemment maudit. Les trafiquants d'esclaves ajoutaient force cargaisons noires à la foule des misérables dupes blanches, et la famine régnait, complice de la fièvre ; les cadavres putréfiés s'entassaient dans la vase, servant d'assises à la cité meurtrière qui prospéra malgré les épidémies et les inondations périodiques, qui s'accrut pour ainsi dire de tant d'espérances mortes et de vies sacrifiées. L'écroulement de la Compagnie des Indes ne fut après tout qu'une simple bulle crevée a la surface du Mississipi, un bouillonnement après tant d'autres. Le nom lui en est resté, très expressif en anglais : *the Mississipi bubble*.

Je me suis plongée, chemin faisant, dans l'histoire de la Louisiane, ce qui explique le fugitif cauchemar dont mon imagination est frappée bien mal à propos, car nous passons d'un paysage enchanté à une ville en fête. C'est le dimanche gras. Tout le peuple est dehors pour accueillir les détachements militaires venus des différends points des États-Unis et qui, musique en tête, marchent vers les réjouissances du carnaval : lanciers de Boston, compagnies venues de Détroit, d'Albany et d'autres villes encore. La Nouvelle-Orléans se trouve conquise amicalement par une soldatesque jadis ennemie, réconciliée aujourd'hui. A la rencontre de ces hôtes en uniformes variés se portent le gouverneur et son état-major, les principaux commandants militaires, le maire, les notables, les gardes continentaux, l'artillerie louisianaise, en même temps que de nombreux visiteurs étrangers avides du spectacle que donne une multitude à laquelle le monde entier semble avoir fourni son contingent : tous les types en effet y sont représentés et confondus de la façon la plus pittoresque, ce qui s'explique sans peine, puisque, d'après le dernier recensement, 18 pour cent seulement des 242 000 habitants de la Nouvelle-Orléans sont Anglo-Américains : il y a 17 pour cent de Français, le reste est composé d'Allemands, d'Irlandais, d'Italiens, d'Espagnols ; plus 25 pour cent de gens de couleur. Dans cette foule, le nègre domine par son exubérance, sa gaîté enfantine, son intelligence du plaisir. Il faut bien dire du reste que le carnaval est pour tous, du haut en bas de l'échelle, l'affaire importante de l'année ; on ne cesse d'en tirer gloire, de le préparer ou de s'en souvenir. Longtemps à l'avance les journaux annoncent, d'un ton convaincu, que Rex a quitté Stamboul : — « Le roi Rex approche, disent naïvement les nègres qui se précipitent aux nouvelles. On l'a vu ici ou là. »

Il semble que cos grands enfants parlent d'une majesté réelle, tant ils y mettent de sérieux, — le genre de sérieux que les propriétaires de petits souliers accordent à la venue de l'enfant Jésus ou de saint Nicolas dans la nuit de Noël ; peut-être n'y croient-ils pas tout à fait, mais ils ne sont pas sûrs de douter. En attendant le roi, voilà ses courtisans qui arrivent de partout : les canons tonnent, les fanfares éclatent, des hourras montent dans les airs. Je prends ma part de l'ovation dont sont l'objet au débotté les délégués militaires descendus du même train. Cette ovation se terminera le soir par un banquet à l'Arsenal. Là des toasts seront échangés par d'anciens adversaires qui, tout en sablant le Champagne, rappelleront avec courtoisie les coups qu'ils échangèrent, chacun rendant justice à la bravoure des autres, et finiront par boire à la paix, à la camaraderie, à l'hospitalité.

Le temps est loin où les fonctionnaires et officiers du Nord étaient impitoyablement mis en quarantaine, où un général des anciennes armées fédérales voyait toutes les femmes de la ville se lever en masse et sortir de leurs loges à l'Opéra le soir où il osa y entrer. Si les dernières traces d'un profond ressentiment sont éteintes, il faut reconnaître que le rôle de conciliateur a été souvent joué par le carnaval. Il arrive sous le masque de Rex, octroyant à tous, étrangers et amis, des titres, des décorations, les enrôlant pêle-mêle sous sa bannière. De fait le carnaval est un roi très puissant, un roi qui ne craint aucune révolution, le vrai maître de cette capitale hispano-française, la dernière Majesté enfin qui s'impose à l'Amérique républicaine.

Sa puissance repose, comme celle de la plupart des institutions vraiment fortes, sur l'association et sur le mystère. Tous les membres des divers clubs de la Nouvelle-Orléans composent des sociétés secrètes d'un genre inoffensif et joyeux : Festoyeurs de la douzième Nuit, Chevaliers de Comus, Equipage de Protée, d'autres encore qui se partagent la distribution des plaisirs de la ville. Les

Festoyeurs, par exemple, célèbrent le jour des Mois, le 6 janvier, par un grand bal, et à cette occasion offrent aux jeunes filles un gâteau où la fève traditionnelle est représentée par un bijou. Mais à l'occasion du carnaval surtout le rôle des « sociétés mystiques » devient d'une haute importance. Les invitations pleuvent et des préparatifs considérables se poursuivent sans que personne jusqu'au dernier moment puisse même soupçonner la composition du programme. C'est, entre les membres de telle ou telle société, une espèce de franc-maçonnerie, dont les devoirs folâtres m'ont paru très sérieusement acceptés ; dans chaque famille les femmes ne se permettraient jamais une question indiscrète à l'égard de leurs frères, de leurs fils ou de leurs maris, quoiqu'elles sachent fort bien à quoi s'en tenir. Si quelqu'un des chevaliers, pour mieux cacher son jeu, déclare à la veille du mardi gras qu'il va s'absenter, il est tacitement convenu que ce voyage ne le portera pas plus loin que son club.

Parmi les jeunes filles l'émotion est grande. Quelle sera la reine ? Quelles seront les reines plutôt, car Rex et Comus choisissent chacun leur compagne parmi les plus belles, les plus élégantes, les plus à la mode. Mystérieusement l'élue est avertie ; elle ignore quel est celui qui l'appelle à partager ses grandeurs ; elle ne le verra que sous un masque, mais elle est sûre qu'il fait partie de la meilleure société de la ville. On devine que pendant onze mois sur douze beaucoup de jeunes têtes travaillent et que les ambitions se donnent carrière. Evidemment toutes ces aspirantes à une fugitive royauté ne peuvent être comme les puritaines de Boston occupées par-dessus tout de culture et de philanthropie. Le mariage est encore leur but principal, un but qu'elles n'atteignent pas sans peine, la question d'argent, sous forme d'*espérances*, sinon de dot, n'étant pas toujours dédaignée. Aussi faut-il avouer qu'il y a peu de villes d'Amérique où le flirt soit plus répandu qu'à la Nouvelle-Orléans, flirt sans malice ni complications d'ailleurs, qui va droit son chemin et ne se propose que des fins légitimes.

III.
Pendant et après le Carnaval.

Je dus entrer d'emblée dans la fiction qu'acceptait toute la ville, et durant deux éblouissantes journées suivre le roi de fête en fête. Le lundi gras, selon l'usage, il arriva censé d'Orient dans les passes du Mississipi. Un vapeur pavoisé se prête à la circonstance, des barques nombreuses lui font escorte, toutes les cloches sont en branle, tous les vaisseaux de la rade saluent, les drapeaux de toutes les nations flottent dans l'air qui retentit de musique. Rex, la couronne au front et le sceptre à la main, apporte la joie à ses féaux sujets. Qui est-il ?

Quelle est la nuée de grands seigneurs qui l'entourent ? On s'efforce en vain de reconnaître les figures sous les masques en carton peint qui ne se lèvent jamais. Ces masques, faits avec beaucoup d'art, vous donnent l'illusion, quand il le faut, de la beauté féminine, car aucune femme ne figure tout de bon dans ces folles cérémonies de la rue. Les reines n'apparaissent qu'aux bals du soir, le visage découvert.

J'assiste à l'entrée du roi d'une des fenêtres du Pickwick-Club où le beau monde trompe les ennuis de l'attente en prenant des glaces et en causant. La police à cheval maintient sur deux rangs une populace bigarrée, l'élément de couleur dans tous ses atours. Pendant deux jours et deux nuits, ces gens-là sont sur pied ; beaucoup de masques, parmi eux, le nègre sachant se costumer à ravir avec une loque ou du papier ; les blancs se déguisent en noirs, les noirs en blancs ; des bandes de faux Indiens tatoués défilent ; les arbres sont chargés de jeunes singes à la tête laineuse, la bouche fendue par un rire d'extase.

Voici la musique militaire, l'état-major, la garde nationale, les milices, des uniformes de couleurs variées, à pied, à cheval : rouges, blancs, gris. Ce sont ces derniers qu'on applaudit le plus fort, les gris du Sud. Puis des voitures délitent, chargées de notabilités, d'hôtes étrangers de haut parage ; des bravos partent de toutes les fenêtres. Rex, qui a passé la matinée à se promener sur le fleuve d'un navire à l'autre, et dont le prétendu bagage, que se disputent les portefaix enthousiastes, a été transféré en triomphe de la barque royale à l'Hôtel de Ville ; Rex, en grand appareil, se dirige au milieu de ses ducs et de ses chevaliers vers ce même édifice, où le maire lui remet, sur un coussin de velours, les clés de la Nouvelle-Orléans. Ensuite, il cède momentanément la place à Protée que, le soir, nous verrons apparaître, coiffé d'un casque et porté sur le dos d'un griffon, à la clarté des torches brandies par des centaines de nègres en cagoules rouges. Il s'est métamorphosé, cette fois, en prince persan. Le griffon qu'il chevauche semble effleurer de ses ailes d'acier la crête d'une vague. Dix-neuf chars le suivent, représentant l'épopée fabuleuse des premiers rois de Perse : je ne citerai qu'un de ces chars pour donner l'idée des autres, tous d'une égale beauté, portant des monuments énormes et des douzaines de personnages : l'Epreuve du Feu, où le roi Kaus, sous un palanquin d'or, avec toute sa cour, regarde son fils, faussement accusé, se précipiter à cheval dans les flammes. Derrière, ce sont les armées de Féridoun, traversant le Tigre au milieu des palmiers et des cactus ; — le culte du feu célébré par des prêtres, en grand appareil, sous la voûte d'un temple embrasé ; — la lutte de Roustan contre un dragon de quatre-vingts pieds de longueur ; — certaine vision du ciel où un fleuve d'argent roule ses eaux scintillantes d'un bout du tableau à l'autre. Tout cela défile lentement, au pas mesuré des mules revêtues de housses brodées de fleurs de lis, au son de la musique et des vivats ; et tant de flammes enveloppent la scène entière qu'on aurait grand'peur d'un véritable incendie si le char des pompiers ne suivait avec des échelles et tous les engins nécessaires, en cas d'accident, car on a vu quelqu'un des édifices mouvants s'écrouler sous le poids des danseurs et des mimes ; une jambe cassée, des contusions quelconques peuvent en résulter pour les acteurs ; tous les secours sont donc à portée de la main.

Rome, Venise, Nice n'ont jamais égalé les merveilles toujours diverses, créées d'année en année par l'imagination féconde des organisateurs du carnaval à la Nouvelle-Orléans. Les costumes commandés sur dessins spéciaux coûtent des sommes extravagantes et ne doivent servir qu'une fois. Il n'est pas un cercle qui ne soit illuminé : le Boston et le Pickwick, le Cercle militaire, celui du Commerce, beaucoup d'autres se sont mis en frais ; les balcons des deux premiers sont chargés de femmes parées pour le bal qui, vers dix heures, aura lieu à l'Opéra. On n'entre à ce bal qu'invité spécialement et sur la présentation d'un billet gravé avec luxe. Quand j'y arrive, toutes les loges sont garnies ; l'amphithéâtre, réservé aux seules jeunes filles, ressemble à un parterre de fleurs. Invasion de la scène par l'équipage de Protée. Chaque masque choisit sa danseuse et alors commence, le plus gaiement et le plus honnêtement du monde, sous le regard lointain des familles qui remplissent les loges, un bal où les dames ignorent le nom et la qualité de leurs cavaliers. Ceux-ci offrent des présents, bijoux de clinquant, jolis colifichets, et parlent d'une voix de carton, sans se faire reconnaître.

Le lendemain, mardi gras, redoublement d'animation ; nouveau cortège, celui de Rex, qui partage les honneurs avec le Bœuf gras, lequel a un char à lui tout seul. Couvert de guirlandes de roses et de myrtes, comme une victime expiatoire, il est entouré de bourreaux demi-nus, qui brandissent des haches et des glaives. Ce nouveau cortège a un caractère tout littéraire. On y voit figurer pêle-mêle des scènes de la *Jérusalem délivrée*, du *Renard*, de Gœthe, du *Paradis perdu*, du *Tannhäuser*, etc., la Table ronde, l'Iliade, la Bible, la mythologie Scandinave, que sais-je ? Rex domine le tout sur un trône sidéral que soutient la croupe d'un dragon gigantesque à ailes de cygne.

D'autres sociétés secondaires comprenant des jeunes gens de condition plus modeste ont chacune leur parade respective. Le soir, du haut d'une tribune où la reine de son choix, tout en satin blanc à crevés de dentelle, tient le sceptre à ses côtés, Rex recevra l'hommage de la plus belle des processions, celle de Comus. Les contes de fée défilent à la suite les uns des autres, derrière leur jeune roi, qui personnifie par excellence le Prince Charmant. Dans quelques minutes, à l'Opéra, Cornus retrouvera une reine digne de lui, vêtue comme Sarah Bernhardt dans *Ruy Rlas*, avec sa haute fraise, ses broderies d'argent et sa petite couronne coquettement posée ; les couples royaux se rejoindront après une tournée de visites faites aux différents bals de la ville, et princes, princesses, fées, génies, sylphes, animaux merveilleux s'entremêleront dans de magiques quadrilles.

Pendant ce temps, les danses nègres prennent leurs ébats dans certains quartiers moins aristocratiques ; toute la ville est en liesse, et ce sont des fronts blancs et noirs terriblement fatigués qui, le matin, vont s'incliner sous la cendre à l'église catholique, ou entendre prêcher à l'église protestante que tout est vanité. Après quoi, les sociétés mystiques se réunissent derechef, — toujours en cachette — pour discuter et combiner le sujet des pompes de l'année suivante, décider les costumes dont elles surveillent l'exécution, répéter les tableaux, etc., de sorte que l'on peut bien crier dès le carême : « Le roi est mort, vive le roi ! »

Pourtant il n'y a pas beaucoup d'années qu'au lendemain d'une guerre fratricide, cette ville qui s'amuse si franchement et si joliment semblait écrasée, presque anéantie ; les festoyeurs du carnaval sont les fils de ces aristocrates du Sud auxquels leurs adversaires ont reproché des torts graves. Joueurs, duellistes, corrompus par le contact de l'esclavage, que n'étaient-ils pas ?

Ils avaient du moins tous les genres de courage. Le monde étonné les vit demander des ressources au commerce, aux affaires, se créer vaillamment une prospérité nouvelle. Et partout où la pauvreté existe encore à la Nouvelle-Orléans, elle est voilée d'élégance ; on la tient en honneur comme dans d'autres parties des États-Unis on estime la richesse ; les planteurs d'autrefois aiment assez à se déclarer ruinés et à expliquer fièrement pourquoi, en revenant sur les horreurs d'un temps évanoui où ils eurent l'occasion de se montrer héroïques avant d'être réduits à devenir raisonnables. Rien de plus saisissant que les récits de la guerre, entendus dans telle ou telle maison qui fut opulente, qui est restée hospitalière. Tous les hommes se battaient, les femmes demeuraient seules dans les plantations, fidèlement gardées par ces nègres, au nom desquels s'entr'égorgeaient fédéraux et confédérés. Les troupes du Nord passaient, brûlant les bâtiments, détruisant les vivres, et les dames affectaient devant l'ennemi de fières attitudes. Elles stimulèrent, en véritables Spartiates, la bravoure de leurs maris, de leurs fils, de leurs frères, ne se plaignirent jamais, travaillèrent quand il le fallut de leurs belles mains habituées longtemps à l'oisiveté. Maintenant encore on ne sait pas bien souvent quelle part active la plupart d'entre elles prennent au soin matériel du ménage sans en laisser rien voir, et en continuant d'accueillir leurs hôtes avec autant d'entrain que si elles n'avaient à songer qu'aux arts d'agrément, aux choses mondaines. Pour ne parler que du carnaval, combien de toilettes de bal sont l'ouvrage même de celles qui les portent avec une si gracieuse désinvolture ! Hélas, cette folie apparente doit recouvrir des regrets de toute sorte. Plus d'un, sous l'accoutrement mythologique qui le place momentanément au-dessus des simples mortels, sur un trône de *papier mâché*, déplore peut-être la nécessité qui l'a forci ; d'abandonner ses études universitaires pour descendre dans un comptoir. J'ajouterai que ce contraste des réalités que l'on soupçonne et de la farce extérieure, poétique à la manière d'une mascarade shakespearienne, n'est peut-être pas la moindre séduction du carnaval de la Nouvelle-Orléans.

Durant les jours qui suivent, il semble qu'un feu d'artifice se soit éteint : la ville entière ressemble à cette filleule de fée qui sur le coup de minuit voit ses diamants se changer en guenilles et son carrosse redevenir citrouille. On s'aperçoit alors que les rues sont fort sales, entrecoupées d'horribles égouts où tout ce qui ailleurs se cache est lamentablement visible ; les maisons, dépouillées de leurs tentures de fête, montrent souvent une façade lépreuse aux peintures écaillées ; les balcons de fer forgé qui s'avançaient la nuit comme à l'affût d'une sérénade sont, au soleil, chargés de rouille. Je parle ici surtout du vieux quartier français, séparé de la nouvelle ville par une grande voie populeuse, Canal Street, à laquelle, quoi qu'on fasse, on aboutit toujours. Canal Street est la rue des brillants magasins. Elle trace une ligne de frontière entre deux mondes absolument différents. D'un côté la population américaine habitant de larges avenues bien ouvertes, bordées de jardins qui entourent des maisons fort coquettes, construites en bois généralement pour éviter l'humidité ; de l'autre les créoles fidèles aux rues étroites qui portent des noms de France : rue Royale, rue de Chartres, rue Dauphine, rue Saint-Louis, rue Conti, rue de Toulouse. Là les enseignes sont françaises, on n'entend guère parler que français ou bien le patois nègre. Pour les Américains du Nord qui pénètrent dans ce labyrinthe c'est déjà presque l'étranger ; c'est avant tout un passé auquel ils n'ont point de part. Pour nous c'est une ville de province du Midi, peut-être de la frontière d'Espagne. La Place d'Armes, par exemple, majestueusement encadrée de grands bâtiments de briques à arcades et à balcons, rappellerait nos vieux pays sans la statue centrale, un Andrew Jackson en bronze saluant du geste comme il fit en 1815, lors de l'ovation décernée par une foule enthousiaste au vainqueur des Anglais. Les bâtiments du tribunal se trouvent là. Dans le plus ancien, qui fut jadis le Cabildo, est aujourd'hui logée la cour suprême ; du haut de ce balcon retentit à trois reprises la proclamation par laquelle la Louisiane était cédée par un maître à un autre. Les portraits des principaux gouverneurs garnissent la salle où l'on m'introduit. Là j'apprends entre autres choses que la loi louisianaise est encore fondée sur le code Napoléon.

De la Cour suprême nous passons à un tribunal beaucoup plus modeste dont la porte ouverte sur une petite rue nous invite à entrer. Nous prenons place au milieu de visages étrangement tailladés et endommagés sous les linges qui les emmaillotent, parmi des quarteronnes suspectes, des figures patibulaires dont la couleur varie du jaune au noir. Le juge, voyant deux dames blanches, les prie courtoisement de se rapprocher de son estrade où elles trouveront des chaises, et nous assistons au jugement sommaire d'un certain Charlie, à la physionomie bestiale, qu'une demoiselle en chapeau à plumes et en cotonnade bleue accuse de l'avoir battue cruellement. Le paquet qu'elle présente renferme ses habits coupés en petits morceaux par ce « gentleman » qui a menacé de la traiter de même. Plusieurs témoins féminins d'une extrême volubilité sont entendus. Le juge, toujours galant, ne cesse de les interrompre dans la crainte que leurs révélations ne blessent les oreilles des dames blanches assez imprudentes pour s'être aventurées dans ce guêpier. Charlie ne trouve aucun argument de défense, mais il nie avec une telle fureur et de tels regards à sa victime, que le juge lui dit sévèrement : « — Vous avez l'air tout prêt à recommencer ! » — On l'emmène et il recommencera peut-être en effet après ses vingt-cinq jours de prison. Les nègres sont vindicatifs, plus d'un meurtre a ensanglanté la rue dans des conditions semblables. Inutile de trop approfondir tout ce que révèlent certains recoins du vieux quartier français où, derrière les jalousies et les grillages, sont embusquées des formes provocantes et où foisonnent les débits de liqueurs de l'apparence la plus louche. La charité a placé de loin en loin auprès de ces mauvais lieux des postes de refuge et de salut (*rescue homes*). Il suffit qu'une créature affolée, poursuivie, perdue de quelque manière, sonne la nuit à cette porte éclairée qui s'ouvre immédiatement devant elle et se referme aussitôt. Derrière la porte, il y a un gîte assuré, des promesses de réhabilitation et de travail, des intermédiaires qui ramènent la brebis égarée au bercail, dans la famille ou à l'atelier. — Quel état moral suppose ce genre de secours ! s'écrie le Nord vertueux en se voilant la face. — Question de climat et de race en somme, impulsions plus violentes vers le mal et plus promptes vers le bien ; il faut des remèdes appropriés ; le même régime ne peut suffire à tous.

Mais quittons ces ruelles mal famées pour revenir à la Place d'Armes ; là encore nous trouverons matière à nous scandaliser, — tout au moins rétrospectivement. — Les arcades du Cabildo en effet furent témoins d'une scène épouvantable, antérieure à l'abolition de l'esclavage. On y déposa les victimes mutilées de

165

cette belle et féroce Mme Laborie dont le nom est resté en horreur et dont l'exemple, d'ailleurs unique, suffit à expliquer les accusations beaucoup trop générales portées dans la *Case de l'Oncle Tom* contre les propriétaires d'esclaves. Mme Laborie inventait pour punir les siens des châtiments monstrueux. Lorsque la populace, forçant les portes de sa maison, lui demanda compte de cruautés qui avaient soulevé l'opinion publique, on trouva des misérables plongés jusqu'au menton dans un puits à la surface duquel les retenaient des cordes ; d'autres étaient réduits à l'état de squelettes sous les chaînes qui les rivaient au sol. Ce fut une exaspération facile à concevoir ; Mme Laborie eût été lacérée sur l'heure sans le dévouement de son cocher nègre qui la fit monter en voiture et poussa brusquement les chevaux au milieu de la foule surprise. Avant qu'on se fût mis à sa poursuite elle avait gagné le port et s'était embarquée pour la France. Les justiciers n'eurent d'autre ressource que de brûler sa maison.

Sur la Place d'Armes encore se trouve la cathédrale, assez laide malgré quelques prétentions architecturales ; mais une fresque représentant le départ de saint Louis pour la croisade nous reporte à l'ancien monde ; d'agréables voix de femmes chantent à la grand'messe, et quelle jolie sortie ensuite de dévotes ravissantes, si gaies, si rieuses ! Je me rappelle une véritable pluie tropicale qui avait forcé à jeter des planches comme des passerelles dans les rues inondées. Avant de s'élancer sous l'averse, leurs jupes rassemblées dans la main au-dessus de leurs petits pieds découverts beaucoup plus haut que la cheville, ces demoiselles babillaient sous le porche avec des admirateurs empressés et les plaisirs à peine évanouis du carnaval faisaient les frais de l'entretien. Vraiment ce n'est guère qu'en Italie ou en Espagne qu'on se permet autant de familiarité avec le bon Dieu.

La tombe de Manon Lescaut ne se trouve pas, comme on me l'avait affirmé, parmi les nombreuses pierres funéraires qui se mêlent aux dalles du chœur ; mais pour me consoler de son absence, un marchand de bric-à-brac de la rue Saint-Charles m'offrit une cafetière portant le chiffre de cette « personne légère » (*sic*) qui s'en était très certainement servie, plus un couvert aux armes de son amant des Grieux dont le père fut, en Louisiane, amiral de la flotte française. Il y aurait un chapitre à écrire sur la singulière galerie où se trouvaient ces reliques précieuses au milieu d'objets d'art créoles, Rubens et Teniers apocryphes, porcelaine et verrerie de luxe représentant les épaves de bonnes familles ruinées, confondues avec des objets de deux sous que le plus imaginatif des fabricants de curiosités vendait pour pièces historiques. Il n'est pas étonnant que des écrivains tels que George Gable et Grâce King, aient trouvé tant de choses piquantes à nous dire sur la Nouvelle-Orléans. Les moindres détails y sont suggestifs. Ce petit enclos, par exemple, derrière la cathédrale, c'est le jardin du Père Antoine, un saint prêtre espagnol qui, venu en Louisiane dans le ferme propos d'y établir l'inquisition, fut prié de retourner sans retard dans son pays d'où il revint par la suite, non plus avec un mandat du Saint-Office, mais pour exercer librement une mission de charité qui rendit son nom vénérable. Dans les sous-sols de l'hôtel Royal, rue Saint-Louis, avait lieu autrefois la vente des noirs aux enchères. Congo-Square tire son nom de danses africaines que les nègres y exécutaient le dimanche au son du tambour accompagné d'un cliquetis d'os, sans se laisser attrister par le voisinage sinistre de la prison, témoin plus d'une fois de scènes sanglantes. Voici la *calaboose*, où les maîtres faisaient fouetter leurs esclaves. L'aspect du vieux cimetière Saint-Louis m'a frappée d'horreur. Les tombes éparses, sans ordre, dans un dédale humide où il est difficile de se retrouver, ne portent guère que des inscriptions en français et en espagnol effacées sous la mousse gluante et les pâles lichens qui se collent aux monuments, plus ou moins dégradés. Il y en a de somptueux, mais la plupart sont d'un goût médiocre, représentant une espèce de commode en marbre munie de ses tiroirs. Comme on ne peut creuser, même à une légère profondeur, sans rencontrer de l'eau, il faut coucher le mort au-dessus du sol et l'entourer d'ouvrages en maçonnerie très solides, pour empêcher des exhalaisons dangereuses que je crois sentir néanmoins, comme si elles s'échappaient de toutes ces pierres disjointes, Je fuis lâchement, me croyant poursuivie par la fièvre jaune.

Un peu au-delà de la place Jackson, sur la levée, a lieu tous les dimanches matin le marché français. Il comprend le marché à la viande, le marché au poisson, le marché aux fruits et le bazar qui étale non seulement des marchandises variées mais encore des spécimens de toutes les races. Les Indiens Choctaws y apportent ces paniers qu'ils tressent à ravir et des simples de toute sorte, dont ils connaissent les vertus ; les Acadiens, — ces paysans de France transplantés dans la Nouvelle-Ecosse, chassés de là par les Anglais et finalement réduits, comme l'a raconté l'auteur d'*Évangeline*, à former une communauté patriarcale sur les bords de la Tèche, — déplient leurs belles cotonnades filées et teintes au logis, dans des villages pareils aux hameaux de Normandie où l'on ne parle que français, où sont conservées nos mœurs, nos habitudes, notre religion catholique. Les Siciliens vendent des bananes et des oranges ; les bouchers, me dit-on, sont presque tous d'origine gasconne ; les négresses ont devant elles des plateaux de sucreries ; les pêcheurs espagnols et italiens vous offrent des poissons inconnus, aux noms bizarres comme leurs formes, des crabes, des tortues, des coquillages, tout ce qui entre dans les savoureux courts-bouillons, dans les *jumbolayas* si savamment

169

épicées, qui, avec le gombo, les fricassées au safran relevées de curry et tant d'autres mets inimitables, sont la gloire de la cuisine créole, celle de toutes les cuisines où il entre le plus d'imagination, d'audace et d'esprit. C'est au marché un bourdonnement sans nom de patois confondus, une amusante Babel, et la confusion des langues ne laisse pas d'être parfois pimentée, surtout quand les nègres s'en mêlent.

Toujours dans cette partie française de la ville, rue d'Orléans, j'ai visité le couvent de la Sainte-Famille, tenu par des religieuses de couleur. La présence de ces saintes filles a donné le baptême pour ainsi dire au local déconsidéré où avait lieu autrefois certain bal de quarteronnes trop célèbre. Les lits à quenouilles des pensionnaires de leur race, qu'elles élèvent si pieusement, sont rangés sur deux lignes correctes et régulières des deux côtés de la salle de danse qui a gardé son même plancher de cyprès, sur lequel glissèrent tant de petits pieds lascifs. Et, comme pour conjurer les fantômes qui pourraient venir troubler des rêves innocents, la chapelle s'ouvre près de ce dortoir aux profanes souvenirs. Ici tout est d'un ton brun foncé, les briques de la grande maison au long balcon en saillie, les vieilles boiseries intérieures, les visages des enfants et toutes ces figures encadrées de coiffes blanches qui les noircissent encore par le contraste, figures que la nature ne semble pas avoir modelées pour le voile, mais qui sont cependant si dignes de le porter. Devant elles il faut bien croire aux anges noirs et admettre que leur race est non seulement capable d'impulsions généreuses, mais aussi de persévérance. C'est en 1842 que trois ou quatre jeunes filles de couleur se réunirent pour fonder cette congrégation, d'abord dans un petit local où elles faisaient le catéchisme, préparant les négresses de tout âge à la première communion, prenant soin des malades. Mais elles se heurtaient à des difficultés de toute sorte, auxquelles mit lin seulement l'abolition de l'esclavage. Les maisons de la Sainte-Famille se multiplièrent pour les orphelins, pour les infirmes ; les bonnes sœurs ouvrirent même une école de garçons. Aujourd'hui ces religieuses sont au nombre de quarante-neuf, suivant la règle de saint Augustin ; le noviciat est très long pour elles, et chaque année elles renouvellent leurs vœux qui ne deviennent perpétuels qu'au bout de dix ans révolus. Celle qui nous fit les honneurs du couvent de la rue d'Orléans, une toute petite femme délicate, me toucha par son humilité charmante : « Ah ! disait-elle, si nous pouvions être aidées par quelques maîtresses venues de France ! » Le programme d'études de leur « Académie » est peut-être un peu vieillot et naïf ; je le transcris sans commentaires : Education solide, utile et chrétienne. Les cours embrassent : lecture, écriture, dictée, orthographe, grammaire, compositions, géographie, arithmétique, algèbre, histoire, rhétorique, philosophie naturelle, astronomie, science, étiquette, couture en tout genre, broderie, crochet, tapisserie, fleurs artificielles (en cire, en tarlatane, en écailles de poisson), dessin, peinture, français, espagnol, musique.

Deux petites demoiselles, — lune en pain d'épices, l'autre en ébène, — me prouvèrent que la musique au moins était très bien enseignée, ce qui me donne bon espoir pour les autres branches d'instruction, même si la science et la philosophie ne sont pas poussées bien loin. L'essentiel eu tout cas est appris à ces enfants : elles subissent la contagion de vertus admirables. Dans la cour où sèche une lessive, je vois jouer et se traîner les *pickanninies*, les tout petits négrillons de l'asile qui touche au pensionnat. — « Oh ! me dit la sœur avec son doux parler sans *r*, nous en avons de bien plus jeunes ! On n'en refuse aucun, pas même les bambins de quelques mois à peine. Nous les nourrissons comme nous pouvons. Le moyen de les abandonner ? » Oui songerait en effet à délaisser les orphelins dans cette ville où les épidémies ont si souvent livré des troupeaux d'enfants à la charité publique ? Il y a plus d'asiles qu'on n'en peut visiter, presque tous dirigés par des religieuses, — petites sœurs des pauvres, sœurs de Saint Vincent de Paul, etc., — mais la Sainte-Famille est le seul couvent de couleur. Un homme riche de cette même race, Thomy Lafon, lui a fait sa part dans les 214000 dollars qu'il légua récemment à divers établissements d'éducation et de bienfaisance, sans acception de blancs ou de noirs. La religieuse qui nous reçoit parle de lui avec une effusion de gratitude, tout en m'apprenant cette particularité singulière que Lafon n'appartenait pas à l'église de son vivant, quoiqu'il assistât souvent aux offices par goût ; il ne fit sa première communion qu'au lit de mort. Je m'écriai, surprise : — « Comment, ce juste n'était pas chrétien ? » Et la petite sœur de répondre ! vivement : « Oh ! si, puisqu'il avait la charité ! »

IV.
Aspects et Caractères Louisianais

Le nom d'un autre ami des pauvres et des orphelins, Julien Poydras, est gravé à l'hôpital, sur une tablette de marbre. Nul philanthrope n'a dépassé en générosité Julien Poydras. Voici en deux mots le résumé de sa vie à la fois si utile et si romanesque, d'après les documents fournis par le professeur Alcée Fortier, dont j'ai goûté vivement la conversation intéressante, sans parler de son excellent livre ; plein d'érudition sur l'histoire, la littérature, les mœurs et les dialectes de la Louisiane.

Julien Poydras de Lallande était Breton et marin. Fait prisonnier par les Anglais en 1760, il réussit à s'échapper et passa en Louisiane, croyant aborder sur une terre française. Malheureusement il arriva au moment même où elle retombait sous le joug espagnol après l'exécution barbare d'un groupe de braves gens décidés à rester fidèles à la mère patrie, fût-ce malgré elle. Poydras témoigna d'une intelligence et d'une volonté peu communes ; il comprit que tout était à faire au point de vue commercial dans l'intérieur de ce pays si riche : un ballot sur l'épaule, il devint colporteur, marchant sans relâche de plantation en plantation, et bien reçu partout. Il lui fallut peu de temps pour amasser la somme nécessaire à l'acquisition d'une terre sur le Mississipi, à Pointe-Coupée, l'endroit le mieux choisi pour des transactions d'une part, avec les nombreux villages qui se succèdent jusqu'à la Nouvelle-Orléans, de l'autre avec les Indiens et les postes militaires. Des agents le représentaient à de grandes distances et sa fortune grossissait toujours. Toujours aussi croissait le désir qui l'avait soutenu jusque-là : retourner en Bretagne. Mais au moment où il préparait enfin le départ tant souhaité, notre Révolution éclata : Poydras ne put surmonter l'horreur que lui inspiraient les excès de 93 et, au lieu d'aller rejoindre sa famille, fit venir les parents qui lui restaient. Jusqu'à sa mort, qui n'arriva qu'en 1824, il garda les vêtements et les habitudes d'un homme du XVIIIe siècle, et ce fut un fidèle sujet du roi Louis XV qui reçut eu 1798 Louis-Philippe duc d'Orléans dans l'habitation de la Pointe-Coupée.

Toujours à la mode du XVIIIe siècle, Poydras faisait volontiers des vers, au milieu de ses occupations de planteur, de marchand et même d'homme politique, car vers l'âge de soixante-dix ans il accepta d'être délégué au congrès. Plutôt que d'user des nouveaux moyens de locomotion, il franchit alors gaillardement à cheval la distance qui le séparait de Washington, ce qui lui prit six semaines. Il reste de lui un poème épique, *la Prise du Morne du Bâton-Rouge*, premier produit d'une littérature française transplantée en Louisiane et qui a quelquefois porté de meilleurs fruits. Si Julien Poydras n'était qu'un faible imitateur de Lebrun et de Le Franc de Pompignan, comme le dit M. Portier. — qui lui fait encore. beaucoup trop d'honneur par cette comparaison, — il gardait fidèlement les vertus bretonnes. Célibataire, il mena une vie pieuse et sans reproche ; rêva l'émancipation de l'esclavage longtemps avant qu'elle ne fût possible ; et ordonna que vingt-cinq ans après lui tous ses esclaves, — il en avait 1200, — fussent mis en liberté. Cette clause de son testament ne devait pas être réalisée ! Mais, par bonheur, on respecta les autres, qui ont enrichi l'hôpital de la Charité, assuré l'existence de plusieurs orphelinats, et qui chaque année aident à se marier quelques filles pauvres des paroisses du Bâton-Rouge et de la Pointe-Coupée.

Il n'est pas nécessaire de se reporter à un passé déjà lointain pour découvrir à la Nouvelle-Orléans des figures expressives et originales ; j'ai rencontré deux types de contemporains, bien frappants chacun en son genre : le général Nicholls et le juge Gayarré.

Jamais je n'oublierai l'impression que produisit sur moi la noble et martiale apparence du premier, mutilé par la guerre à ce point que l'on pourra écrire, sur la tombe qui ne renfermera qu'une moitié de son corps, l'épitaphe du grand Rantzau :

Il dispersa partout ses membres et sa gloire…
Et Mars ne lui laissa rien d'entier que le cœur.

Deux fois gouverneur, il défendit avec une indomptable énergie les droits de la Louisiane et porte aujourd'hui d'un consentement unanime le titre de *chief justice*, grand-juge, qualité à laquelle son passé de patriote et de soldat, son désintéressement, ses vertus toutes stoïques lui donnent des droits incontestables.

Si le général Nicholls est un type superbe d'Américain anglo-saxon, l'honorable Charles Gayarré m'a paru le plus intéressant des créoles, et avant tout, il faut préciser cette désignation de créole, sur laquelle, dans le Nord, on affecte souvent de se tromper en l'appliquant au sang mêlé. Les créoles sont purement et simplement les enfants de parents européens fixés aux colonies. Le nom de Gayarré est un nom navarrais, celui d'un des trois commissaires qui, en 1766, vinrent prendre possession du pays cédé par la France à l'Espagne.

C'est pourtant un Français de la vieille roche que j'ai trouvé dans l'intérieur très modeste que l'historien de la Louisiane, décédé depuis, remplissait encore, malgré son grand âge, de sa verve et de son esprit. Il se rattachait à notre pays par les femmes, sa mère étant une Boré, la fille d'Etienne de Boré, ancien mousquetaire de la maison du roi Louis XV qui, le premier parmi les planteurs, réussit à fabriquer du sucre. Le petit-fils d'Etienne de Bore se distingua au barreau et dans la politique, devint secrétaire d'État et publia en français une histoire de la Louisiane très remarquée, dont l'édition anglaise ne parut, que plus tard. La *Revue des Deux Mondes* a signalé autrefois une composition dramatique hardie, *the School for politics*, que traduisit le comte de Sartiges, notre ancien ambassadeur à Washington. Charles Gayarré dénonça toute sa vie les fraudes et les manœuvres d'une fausse démocratie, qu'il appelait avec lord Byron une aristocratie de drôles. Il fut de ceux qui n'admettent que les républiques où des lettres de noblesse sont accordées à une élite intellectuelle et morale. Et lui-même avait l'air d'un grand seigneur, malgré la mauvaise fortune qui, après tant de services rendus, de missions brillamment remplies, d'emplois éminents tenus avec éclat, ne lui laissait plus rien, sauf, il est vrai, le bonheur domestique et un goût inextinguible pour les lettres, deux talismans grâce auxquels on peut délier le sort. Cet octogénaire encore jeune me parla de Paris avec tout le feu de ses anciens souvenirs. Je fus frappée de l'intelligence des choses de chez nous qu'il gardait après tant d'années, réunissant la France et l'Amérique dans un même amour, s'appliquant à montrer les liens étroits de parenté entre les républiques si ours, à faire ressortir les rapports qu'offrent leurs deux histoires. L'énumération des travaux que produisit la plu rue infatigable de Gayarré serait ici trop longue. Il a touché à toutes les questions historiques, financières, commerciales, industrielles de son pays ; il a fait du théâtre, du roman ; il a contribué aux progrès de l'instruction publique. Orateur politique avant tout, il s'est acquis une réputation de conférencier dans les deux langues qu'il écrivait également bien. La Nouvelle-Orléans n'a pas produit d'esprit plus varié, plus fécond, ni de caractère plus intègre. Je m'estime heureuse d'avoir pu le saluer dans sa retraite.

Le nombre des créoles de ce type si tranché devient rare depuis la fin de l'ancien régime. Beaucoup de fils de famille étaient alors élevés en France ou allaient du moins y achever leurs études ; la fondation de l'Université mit fin à celle tradition, surtout après le développement que lui donnèrent les dons magnifiques de Paul Tulane, — philanthrope originaire de notre vieille Touraine, — lequel consacra 1 050 000 dollars à une œuvre qui l'a fait justement considérer comme le grand bienfaiteur de la Louisiane. Aujourd'hui on chercherait en vain de ces lettrés créoles qui, sous prétexte d'avoir été au collège à Paris, ne savaient plus parler anglais ; mais le français est encore pour un grand nombre la langue maternelle, celle dont on se sert entre soi dans l'intimité de la famille. Les femmes surtout conservent pieusement cette habitude. Ce sont de véritables Françaises qui m'ont servi de ciceroni dans plusieurs de mes promenades, des Françaises qui faisaient honneur par la distinction et la beauté à leur lointaine patrie, et chez lesquelles je constatais des qualités sentimentales, un enthousiasme, d'aimables préjugés remontant à une époque disparue chez nous, mais qui se perpétue là-bas.

Avec orgueil elles me montrent non loin de la ville « les Chênes », le magnifique bouquet d'arbres géants mélancoliquement frangés de mousse espagnole qui pend à tous leurs rameaux endeuillés. L'ombre noire qu'ils projettent abrita plus d'un duel à mort. C'était là, au bon temps, un terrain de combat. Je m'explique maintenant cette inscription : *Victime de l'honneur*, que l'on rencontre souvent dans le vieux cimetière Saint-Louis. Les cimetières, non pas celui-là, mais trois ou quatre cimetières moins anciens, la Métairie, Greenwood, Chalmette, etc., sont de véritables parcs. Les promeneurs y trouvent des allées bien entretenues, de superbes ombrages, des monticules surmontés de statues, un luxe merveilleux de fleurs. Morts et vivants se réunissent ainsi, les premiers semblant faire bon accueil aux seconds. Après la tournée de cimetière, en cimetière on invite les étrangers à visiter sur l'Esplanade les beaux jardins du Jockey-Club, où, par les nuits d'été, ont lieu des illuminations, des concerts et des bals. Au bord du lac Pontchartrain des restaurants renommés attendent les amateurs de canotage et de régates. C'est là le couronnement pour ainsi dire de toutes les excursions. Je me rappelle, comme un rêve certaine course en voiture découverte le long du bayou Saint-John, où glissaient les bateaux ; et l'exubérante croissance de lataniers étalant leurs éventails sous les cyprès gigantesques, sous les chênes verts aux chevelures flottantes ; et la fameuse roule pavée en coquilles ; et les bosquets d'orangers, et les jardins de roses, et le bout du lac encore paisible, — car nous étions loin de la saison où dans ce site enchanteur il y a trop de lumière électrique, trop de spectacles d'été, trop de musique, trop de dîners de poissons du grand faiseur ; — et les faubourgs enfin si curieux avec leurs maisonnettes à volets verts sur les marches desquelles, tout le long du trottoir (*banquette*), se roulent et piaillent les *pickanninies*. Je ne regardais pas seulement, j'écoutais, — j'écoutais mes amies créoles me raconter dans leur français très doux des choses extraordinaires, — comment il arrive d'aventure que, les vents d'est souillant l'eau du golfe dans le lac, celui-ci s'élève, remplit les canaux et inonde soudain les derrières de la ville, la partie qui n'était autrefois qu'un marais immense tout bourdonnant de moustiques, tout grouillant de serpents et où se traînaient en paix les alligators. C'était au temps de la fièvre jaune, un temps légendaire ; il n'y a pas de ville moins malsaine aujourd'hui que la Nouvelle-Orléans. Encore quelques lépreux, il est vrai... Ils sont parqués à l'extrémité d'un faubourg dans des bâtiments délabrés, près de l'hôpital des varioleux. Ah ! les pauvres gens auraient grand besoin d'un Père Damien ! Ils sont réduits à s'entre-servir et manquent souvent du nécessaire. L'affreuse maladie n'attaque guère que des misérables... Pourtant ces dames se rappellent un lépreux homme du monde... il était même poète. On l'avait installé à part, dans une cabane où il écrivait sans relâche des vers sur sa triste situation. Et sa fiancée lui parlait de temps en temps derrière la fenêtre, car il allait se marier quand la lèpre l'avait pris... Somme toute, ils ne sont guère aujourd'hui qu'une quinzaine tout au plus. Combien y en avait-il davantage au temps où on les expulsait là-bas dans les marécages de « la terre aux lépreux » ! Une visite que les étrangers de passage font toujours, c'est la visite à l'archevêché, d'abord par déférence pour Mrs Janssens, un des prélats dont à juste titre l'Amérique s'enorgueillit le plus, et aussi pour voir de près sa demeure pittoresque, l'ancien couvent des Ursulines, au coin de la rue de Chartres. Il date de 1727 ce long bâtiment à deux étages, au toit élevé d'un rouge noirâtre, aux lourds volets de cyprès défendant les hautes fenêtres. Sous le porche on aperçoit, dans les profondeurs d'une cour-jardin sur laquelle donne une véranda ombreuse, toute sorte de feuillages exotiques : palmes, figuiers, myrtes, bananiers, lauriers-roses ; c'est un jardin échevelé, négligé, délicieux par cela même, comme tous les vieux jardins de la Nouvelle-Orléans. Au bout se trouve une petite église.

Depuis longtemps les Ursulines se sont transportées dans un magnifique établissement situé hors la ville ; elles continuent d'élever, selon les anciens systèmes, un grand nombre de jeunes créoles catholiques, tandis que les Américaines protestantes sont tout aux méthodes nouvelles, importées du Nord et qui les conduisent parfois jusqu'à une brillante annexe de l'Université de Tulane, le collège de Sophie Newcomb, fondé par une mère en mémoire de sa fille. Il y a là un double courant qui crée des personnalités presque aussi différentes que peuvent être différents les tempéraments anglais et français. Depuis cent cinquante ans, les Ursulines maintiennent d'une main ferme en Louisiane l'éducation de couvent ; elles ont été mêlées aux origines de la Nouvelle-Orléans et connaissent leur importance. Six Ursulines arrivèrent de Rouen à l'appel de Bienville, qui avait fait venir de même les Jésuites, ayant besoin d'éducateurs pour les enfants de sa colonie. Le voyage des pauvres religieuses fut une terrible odyssée, il ne prit pas moins de six mois ; enfin elles passèrent d'un bateau criblé d'avaries dans des pirogues qui remontèrent le Mississipi jusqu'à un misérable village enfoui dans les roseaux. C'était la cité naissante. Sans perdre courage, elles se mirent à élever les Indiens et les nègres ; à prendre soin des trop nombreux malades ; puis elles eurent à recevoir les filles à la cassette, — des demoiselles honnêtes et pauvres que le roi envoyait épouser les colons, avec un trousseau contenu dans la cassette en question.

V.

Le rôle des femmes dans le Sud

L'éducation coloniale fut d'abord entièrement entre les mains des ordres religieux ; le collège, qui s'ouvrit en 1805, a formé cependant beaucoup d'hommes distingués. A partir de 1840 les pensionnats, les académies se multiplièrent à l'infini ; on ne manquait pas de ressources pour l'éducation même des femmes. La preuve, c'est qu'après la guerre les veuves et les filles orphelines de personnages haut placés dans les affaires civiles et militaires purent se consacrer à l'enseignement. Sans doute il ne faut pas comparer le genre de culture des femmes du Sud à la culture intense de leurs sieurs du Nord. Le rapport envoyé au département de l'Intérieur à Washington, après douze années d'inspection attentive, par le Révérend docteur A.-D. Mayo, une autorité en fait de questions se rattachant à l'éducation, nous permet de toucher du doigt les différences. — Jamais, écrit-il, aucun pays civilisé n'a rien vu de semblable à l'exemple donné par l'Américaine de la Nouvelle-Angleterre depuis le jour où elle atteignit son rocher de Plymouth. Durant deux siècles elle a contribué sans relâche pour sa part au développement de la République : rien ne l'a rebutée, ni un climat dur, ni le manque de serviteurs, ni l'obligation de travailler de ses mains. Elle a souffert patiemment, lutté en silence, jusqu'à ce que l'immigration irlandaise et le secours des machines l'aient relevée de son volontaire esclavage. Alors elle a trouvé 350 manières différentes de gagner manuellement sa vie ; elle a occupé les neuf dixièmes des places dans le corps enseignant des écoles publiques, et envahi les universités ; elle s'est mêlée des affaires municipales toutes les fois que l'éducation était en cause. La vie de la femme au Sud était tout autre : elle avait certes sou importance, mais une importance purement domestique, qui ne se manifestait guère que sur la plantation : là elle était vraiment reine, avec de grandes responsabilités et des occasions continuelles d'exercer son initiative, initiative utile et bienfaisante le plus souvent, quoi qu'on en ait dit. Depuis l'émancipation cependant, le cercle de ses devoirs et de ses droits s'est élargi : 150 établissements d'instruction supérieure s'ouvrent aujourd'hui aux jeunes filles du Sud, et dans cinquante de ces écoles la co-éducation est admise : les universités de l'Alabama, du Mississipi, du Texas et du Kentucky reçoivent des femmes ; 8 000 étudiantes sont réparties dans les collèges de la Louisiane, de la Caroline du Nord, du Tennessee, de la Virginie, etc., sans compter la foule de celles qui vont chercher des diplômes au Nord. Pour ce qui concerne l'instruction secondaire, il serait difficile d'établir des statistiques, — les écoles particulières et les couvents catholiques ne s'y prêtant pas, — mais on sait que dans six États les femmes sont déclarées compétentes à voter pour tout ce qui concerne les questions scolaires. Les progrès ont donc été considérables en vingt ans, après dix années environ d'arrêt absolu dans le développement de l'instruction publique, ruinée par la guerre comme tout le reste ; et encore les fonds que l'on préférerait appliquer aux écoles blanches sont-ils en partie dévorés par les lourdes taxes qu'exige le maintien des écoles de couleur. Le Sud est prêt d'ailleurs à tous les sacrifices pour éviter ce qui lui semble intolérable : l'éducation en commun des deux races. Ce que j'ai vu à Galesburg, — Kindergarten panaché de noir et de blanc, — ne serait jamais accepté à la Nouvelle-Orléans. On me cite certains exemples de tolérance dans le

Kentucky, mais il faudra de longues années pour détruire des préventions aussi profondément enracinées. Le plus petit village a deux maisons d'école, celle des noirs et celle des blancs. Ces écoles de couleur s'imposent de plus en plus, et non pas seulement les écoles primaires : le nègre aspire aux hautes études ; il y est fortement encouragé par le Nord, qui a donné son argent, prêté ses professeurs. La Société de secours des affranchis supporte avec l'aide des églises 21 écoles normales et industrielles, où 233 maîtres instruisent 4 971 étudiants, lesquels, devenus maîtres à leur tour, élèvent des enfants par centaines de mille.

La seule Association des missionnaires a créé, outre 73 écoles supérieures d'un ordre moins ambitieux, 6 institutions qualifiées du nom d'universités ; mais il faut se rappeler que le Sud a ainsi que l'Ouest l'habitude d'user à la légère de ces désignations un peu exagérées ; c'est un des *shams*, des menus charlatanismes américains. Il est assez rare que l'étiquette exprime exactement le rang et le caractère de la chose. N'importe : l'essentiel c'est que 15 000 professeurs de couleur soient aujourd'hui préparés à conduire 7 millions de leurs pareils, qui sont devenus autant de citoyens. Dans cette élite, les femmes se distinguent comme partout. La femme de couleur s'entend à merveille à élever les enfants ; elle a des qualités incomparables de patience, île douceur, de gaîté, de dévouement, sachant les amuser et les comprendre.

Un observateur intelligent a fait remarquer qu'elles ne sont pas pour rien les filles de ces admirables *mammies* et *aunties*, nourrices et gardiennes, que jadis sur les plantations on traitait comme des membres de la famille, et que tout bon Virginien, tout bon Louisianais, chérissait presque à l'égal de sa propre mère. Quinze millions de dollars ont été mis par des bienfaiteurs du Nord, notamment par des bienfaitrices bostoniennes, dans cette œuvre des collèges de couleur. Les gens du Sud sont d'avis pour la plupart que beaucoup de choses inutiles y sont enseignées ; mais à cela on leur répond : « Il n'y a pas de corps sans tête : nous formons ici la tête dirigeante. » Bien entendu, elle est formée à la mode du Nord.

— Vous voyez, me disait un défenseur de l'ancien régime en visitant avec moi l'un de ces établissements, il n'y a sur les murs que des portraits de leurs grands hommes. Et pourquoi Edgar Poe, auquel en France vous rendez justice, pourquoi Sidney Lanier, musicien autant que poète, qui entreprit d'exprimer en paroles ce qui n'est peut-être possible qu'à la musique, mais qui fut un novateur et un prophète à sa façon, pourquoi ces gloires du Sud ne se trouvent-elles pas ici, auprès des Longfellow, des Hawthorne, des Emerson ? Ils sont absents, comme est absent aussi le drapeau louisianais, qui pourrait bien, vous l'avouerez, garder sa petite place à l'ombre du drapeau des États-Unis. Malgré l'unité accomplie, malgré la réconciliation, il y a toujours un fond de rivalité entre les anciens adversaires. Tout ce qu'on peut dire de la prépondérance des dames de Boston, n'empêche pas que la première statue élevée en Amérique à la gloire d'une femme l'ait été à la Nouvelle-Orléans ! C'est un fait : sur la place Margaret, avec ses fontaines et ses allées bordées de buissons fleuris, se dresse une statue de marbre blanc, qui ne représente d'ailleurs ni une artiste ni une savante, mais une simple femme du peuple, un enfant à ses côtés. La bonne Margaret Haughery, née dans la pauvreté, commença par vendre du lait, puis du pain, le pain qui a nourri des pauvres en foule. Le surnom d'« Amie des orphelins » fut bien mérité par cette sublime boulangère : elle leur consacra ce qui de sa vie n'appartenait pas aux affaires et leur fit don d'une grosse fortune laborieusement gagnée. Le petit jardin qui entoure sa statue s'étend devant un asile qu'elle enrichit, l'asile que gouverna la Sœur Régis, tenue elle aussi en vénération. Rien ne m'a paru plus touchant que cet hommage, rendu par une ville aristocratique d'instinct à une femme qui ne savait pas lire. L'incomparable grandeur de la bonté ; se trouve donc avoir été honorée en Amérique avant toutes les autres suprématies, avant la plus haute culture elle-même.

Et cependant la Nouvelle-Orléans, malgré son infériorité en matière de pédagogie, a produit des femmes très remarquables intellectuellement, des écrivains, des artistes ; j'ai essayé de faire connaître le plus brillant de ses romanciers féminins, miss Grâce King, dans une précédente étude, et bientôt une traduction mettra en lumière le talent frais, naturel et charmant de Mrs M. Davis. Sans avoir non plus le même génie d'organisation que les dames du Nord elles savent, au besoin, se mettre à la tête de mouvements généreux : par exemple elles se sont liguées contre la loterie, un danger public, et elles ont réussi, tout appauvries qu'elles soient, à rassembler en s'associant la somme nécessaire pour élever dans le cimetière de Greenwood un monument à la mémoire des soldats confédérés.

Mrs M.-R. Field, qui signe Catharine Cole ses articles du *Picayune*, ne fut pas la moins écoutée parmi les *oratrices* à la Foire universelle. Elle a exposé avec autant de netteté que d'éloquence le développement, des arts, de l'industrie, du commerce, de l'agriculture dans son État natal ; et, ce qui m'a intéressée beaucoup plus encore que cette nouvelle, dédiée aux partisans de l'égalité des sexes : — une femme est capitaine, en Louisiane, d'un bateau à vapeur ! — c'est ce qu'elle a dit du goût que montrent beaucoup de jeunes filles pour les travaux de la terre. Un grand exemple leur est donné par miss K. Minor, à qui son autorité reconnue, en ce qui concerne l'industrie du sucre, valut d'être chargée de prononcer une adresse devant le congrès des agronomes réuni à Chicago. Dans toutes les paroisses autour de la Nouvelle-

Orléans se trouvent des femmes *planteurs,*
horticulteurs et *éleveurs,* d'excellentes fermières.
Tout le long de la ligne centrale de l'Illinois, il y a
des vergers et des potagers exploités par les
femmes ; elles envoient des fraises et des petits pois
précoces en janvier aux millionnaires de Chicago.
Les fruits, les fleurs de la Louisiane représentent
une richesse ; et quel emploi plus charmant de
l'activité d'une femme que la culture d'un jardin ?

La nature en effet donne sans qu'on l'y invite
dans ces climats quasi tropicaux : la mousse
espagnole qui semble n'exister que pour prêter aux
forêts assombries une beauté fantastique se vend de
trois à sept sous la livre avant d'aller rembourrer les
matelas sous le nom de crin végétal ; les négresses
en arrachent des poignées en passant pour les
troquer contre diverses marchandises ; les racines
fibreuses du latanier servent de brosses. Catharine
Cole énuméra en détail les ressources inépuisables
de son pays : forêts de cyprès qui fournissent pour
les bateaux, les barils, les meubles, les charpentes,
leur bois veiné comme de l'onyx ; pâturages sans
bornes, sources minérales, marais giboyeux, cours
d'eau remplis de poissons délicats, roseaux d'où
s'envole la précieuse aigrette blanche, bétail qui
disparaît presque dans l'épaisseur du trèfle, que
sais-je encore ? Et elle ajouta triomphalement :
« Dans ce pays béni, point de divorces, ou si peu ! »
en finissant par l'éloge des hommes, qui sont tous,

disait-elle, les gardes d'honneur de la femme du Sud.

Ces gardes d'honneur, il faut bien le reconnaître, ont au fond, avec leur chevalerie, legs précieux de l'occupation espagnole, quelques-unes des idées du vieux monde sur le lot de notre sexe ici-bas. Ils veulent des femmes belles, aimables, dévouées à la famille, disposées à se marier jeunes, et ne trouvent nullement utile qu'on autorise leurs compagnes à voter. La contagion des réformes parties du Nord et leur effet graduel sur la société du Sud offre donc pour nous un intérêt spécial. Ce qui sera essayé, ce qui réussira en Louisiane, cette sœur américaine de la France, aura grande chance de s'acclimater chez nous. Il n'existe pas entre les Américaines du Sud et les Françaises de ces différences fondamentales qui tiennent pour ainsi dire au tempérament et qui ne peuvent se définir, quoiqu'on les sente si bien. Exemple : A New-York une conférencière parle éloquemment de Jeanne d'Arc, en soutenant qu'il n'y eut aucun mystère dans l'histoire de la Pucelle, sauf l'éternel mystère du génie militaire transcendant et que ce fut l'accident du sexe qui seul l'empêcha d'être estimée à l'égal de Napoléon par un peuple rempli de préjugés masculins. — « Non, s'écrie un de nos compatriotes qui se trouve parmi les auditeurs, non, jamais les Américains et les Français ne s'accorderont sur les femmes ! » — Cette anecdote si caractéristique m'a été racontée par W. C. Brownell, qui savait pour sa part, ayant habité Paris, combien la figure idéale de Jeanne d'Arc plane au-dessus de tous les conquérants. Il l'a mise dans ses *French Traits*, pénétrant essai de critique comparative qui fourmille d'idées originales et où un Américain fortement imbu des procédés de Taine, nous révèle l'Amérique encore mieux peut-être qu'il ne nous fait connaître à elle, car les demi-erreurs sur notre compte ne manquent pas à côté de nombreuses vérités ; mais elles sont ingénieuses, elles assaisonnent l'ouvrage d'un grain de paradoxe très piquant. Tout le monde en France devrait lire *French Traits* et méditer les leçons indirectes qu'un étranger nous donne.

VI.
Discussion du suffrage féminin

J'arrêterai ici, sans avoir épuisé le sujet, bien loin de là, ces renseignements sur la condition des femmes aux États-Unis. Il me resterait beaucoup à dire et je montrerai peut-être un jour comment l'organisation de la famille, si différente de la nôtre, contribue au développement de caractères qu'il ne nous est pas facile de comprendre en France, où tout a été si longtemps réglé, hiérarchisé. L'instinct social est ce qui chez nous frappe le plus les

Américains, comme étant l'opposé de leur trait principal, l'individualisme.

Pour que mes notes fussent complètes il faudrait aussi placer auprès des femmes sérieuses qui dans chaque ville travaillent consciencieusement à créer l'avenir celles qui ne se soucient que de représenter ce qu'on appelle par excellence « le monde » et pour qui l'Amérique est le paradis de leur sexe, un paradis sans efforts et sans sacrifices. Mais j'ai étudié très peu celles-là. Comment oserait-on du reste, après M. Paul Bourget, revenir sur l'idole qui passe de son palais de Madison ou de Fifth Avenue à un cottage ; de Newport, lequel n'a de simple que le nom, pour aller finir la saison dans les montagnes du Berkshire chantées jadis par plus d'un poète et que la mode réduit aujourd'hui à servir de cadre aux prouesses du sport : courses, polo, lawn-tennis, défilés d'équipages ? Les premiers chapitres d'*Outre-Mer* nous donnent de ces choses un tableau plein de vie et de couleur tracé par le peintre qui a le mieux rendu toutes les modernités de mœurs et de sentiments. Je ne sais si l'Amérique a compris le bien que lui ont fait aux yeux de l'Europe entière les critiques mêmes de M. Paul Bourget. La vue d'ensemble vraiment énorme qu'il se proposait de prendre ne lui a pas permis de s'arrêter aux détails, mais il laisse à ses lecteurs une ineffaçable impression de la puissance de volonté souveraine, de la robuste santé morale dont peut se vanter l'Amérique ; et ses portraits de beautés professionnelles font entrevoir sous tels défauts impossibles à nier des trésors d'énergie, d'activité physique et intellectuelle que devraient envier les simples mondaines d'Europe. J'ai remarqué partout le goût passionné que presque sans exception les Américaines ont, non pas seulement pour les exercices en plein air qui servent de prétexte comme autre chose à la coquetterie et à la vanité, mais encore pour la nature dans ses parties les plus sauvages, pour le retour temporaire aux rudesses, à la simplicité de la vie primitive. L'été, rien ne leur plaît davantage que de camper ici ou là en pleine solitude agreste devant de beaux sites. L'une d'elles me disait :

— Nous avons passé un temps délicieux dans les Adirondacks. Je couchais à la belle étoile, et nous allions d'un lac à l'autre avec nos guides, dont les canots sont ce que je préfère, après les gondoles de Venise. Une lettre sur le même ton, qui m'a été écrite des montagnes du Maine, montre lune des personnes les plus dignes, les plus posées qui se puissent imaginer, arpentant les forêts, sautant de pierre en pierre, comme un gamin, le long des ruisseaux où elle pochait la truite, et dormant en plein air, elle aussi, sous des couvertures. « Trop heureuse quand une bonne averse n'arrosait pas mon sommeil ! C'était enchanteur, ces réveils à l'aube : j'ouvrais les yeux pour voir le ciel violet à travers l'épais feuillage des hêtres et les lueurs orangées de notre feu de bivouac. » Tout cela sonne juste et aucune prétention morbide ne résisterait, je crois, à un pareil régime. Les amoureuses du plein air et de la nature se préoccupent fort peu généralement de la question du suffrage.

Au surplus où en est cette question d'un intérêt primordial ? Il importerait de le savoir, car si le droit de voter est accordé aux femmes dans une partie du monde, quelle qu'elle soit, il s'imposera partout peu à peu, et une révolution dont on ne saurait calculer les conséquences devra s'ensuivre, modifiant profondément les mœurs sociales. Beaucoup de journaux, trop pressés, signalent déjà la chose comme faite, parce que l'Ouest, plus audacieux que le reste de l'Amérique, a tenté l'expérience ; mais, en réalité, on en est encore à la discussion. Les meilleurs esprits forment deux camps qui soutiennent le pour et le contre avec une grande abondance d'arguments. Je ne crois pas qu'on puisse lire rien de plus instructif à ce sujet que les récents débats entre le sénateur Hoar et le docteur Buckley. Ils m'ont paru résumer tous les autres. Le sénateur Hoar est de l'avis de John Stuart, Mill, avec lequel, dit-il, se trouvaient d'accord le penseur Emerson, le poète Whittier et Lincoln lui-même : il veut que l'on marche résolument dans la voie ouverte par Lucy Stone et suivie par Mrs Ward Howe, que la femme soit appelée à prendre une part active aux affaires du pays et devienne éligible à tous les emplois. De fait, elle a déjà le pied à l'étrier de la politique. N'est-ce pas une fonction politique comme une autre celle dont s'acquitte dans les hôpitaux, après s'être distinguée au temps de la guerre pour le service des ambulances, Mrs Clara Barton, la grande organisatrice, avec Mrs J. Ware, du régime pénitencier pour les femmes ? Et Mrs Léonard, leur émule dans les mêmes œuvres, une puissance elle aussi, n'a-t-elle pas maintes fois voté comme membre du Conseil d'administration des asiles d'indigents et d'aliénés dans le Massachusetts ? Et Mrs Hale, dont la bienfaisante influence eut pour théâtre la maison des fous à Worcester, un établissement de l'Etat comprenant mille pensionnaires ? Et tant de femmes qui tiennent entre leurs mains les rouages de l'instruction supérieure, dira-t-on qu'elles n'ont pas été, qu'elles ne sont pas encore au pouvoir ? Mieux vaudrait le reconnaître franchement et s'assurer le concours de toutes leurs pareilles dans ces devoirs publics qu'elles savent si bien remplir. Les législateurs prétendent être tout prêts à leur accorder le suffrage, pourvu qu'une majorité le réclame ; mais ceci équivaut à un refus. Jamais les femmes ne revendiqueront en majorité aucun droit : ce n'est pas ainsi qu'elles ont depuis vingt-cinq ans fait tant de conquêtes, dont l'une des plus considérables est le privilège d'administrer elles-mêmes leurs propres biens. Les femmes en masse sont toujours hésitantes devant les réformes : qu'on se passe donc de l'avis des timides ! Celles qui ne se soucient pas de voter seront libres de s'abstenir.

Ainsi raisonne le sénateur Hoar, plus royaliste que la reine, c'est le cas de le dire. A quoi le docteur Buckley répond assez judicieusement :

« Peut-être avant de modifier la loi qui écarte la femme des affaires publiques, faut-il réfléchir que d'un trait de plume on changera entièrement la nature des relations entre les deux sexes telles qu'elles existent depuis que le monde est monde. La permanence de la famille, d'où résulte la cohésion de la société, dépend de certaines différences admises une fois pour toutes entre le masculin et le féminin : le premier gouverne d'un commun accord. Or le vote est l'expression même du gouvernement. Voter avec intelligence c'est penser et agir au mode impératif. Pour devenir volantes, les filles devront être dressées à penser, sentir et agir dans le même esprit que les garçons. De quel côté s'exercera la contagion de l'exemple ? Est-on autorisé à croire que les femmes subissent moins que les hommes les effets du milieu, qu'admises aux assemblées politiques, elles ne passionneront pas les débats, qu'elles resteront inaccessibles à la corruption ? » Le docteur Buckley ne se permet pas, bien entendu, dans ses remarques aussi respectueuses que modérées, de faire ressortir le côté un peu chimérique des jugements portés à l'occasion par les femmes de son pays sur la nature masculine en général ; mais j'ai déjà dit, je crois, combien leur ignorance plus ou moins volontaire sous ce rapport est faite pour nous étonner, nous autres Françaises, mieux renseignées apparemment. Il s'ensuit un optimisme qui ravit leurs maris, leurs frères et leurs amis, comme la preuve d'une virginité d'âme à laquelle les Américains tiennent par-dessus tout, si peu entravée dans ses actes que soit chez eux la jeune fille. Cette sorte d'ignorance, convenue ou non, permet aux femmes de porter le langage des anges au milieu des brutales mêlées humaines. Mais si elles descendaient une bonne fois dans la poussière de l'arène, que feraient-elles de ce prestige de l'inexpérience ? que deviendrait la *womanliness*, qui est leur force ? Je crois bien que le docteur Buckley lance discrètement un trait railleur à ces belles utopistes en disant qu'elles croiraient pouvoir du jour au lendemain, pour purifier l'air, fermer tous les *saloons*, les tripots et les mauvais lieux, sans souci de la liberté. Et, en admettant que la femme entre résolument dans les réalités de son nouveau rôle, qu'elle acquière tout de bon l'expérience d'un *leader*, comment associera-t-elle ce rôle à la subordination de l'épouse ? Les divergences politiques en famille, les inévitables rivalités multiplieraient les cas de divorce déjà trop nombreux, et toute cette excitation ne serait pas de nature à supprimer le fléau croissant des maladies nerveuses. Il faudrait qu'on demandât sur ce dernier point l'avis formel du docteur Weir Mitchell, connu à Paris et à Londres connue à Philadelphie pour son éminente spécialité, laquelle ne l'empêche pas d'écrire des poèmes pleins d'imagination. Me rappelant le soupir significatif qu'il poussa lorsque je l'interrogeai sur les effets de la culture à outrance appliquée aux cerveaux de femmes, je crois prévoir quelle serait sa réponse. Mais à quoi bon en somme appeler les médecins, les logiciens et les moralistes à la rescousse du bon sens ? L'Amérique compte avant tout, pour que les réformes n'aillent ni trop loin ni trop vite, sur la sagesse des femmes elles-mêmes. Cette sagesse les a préservées jusqu'ici des excès du parti féministe proprement dit tel qu'il se manifeste depuis peu en Angleterre ; elle a empêché le périlleux antagonisme des deux sexes, les hommes laissant habituellement aux femmes le soin de combattre certaines illusions de femmes.

Et elles s'en acquittent à souhait. J'ai rencontré chez plusieurs directrices de collèges le plus louable souci de conjurer le danger qu'entraînent pour les étudiantes l'éloignement trop complet de la famille à un âge qui devrait être celui de l'application aux devoirs domestiques, préludes du mariage. C'est une femme qui a tourné l'arme du ridicule contre ces petits phalanstères comme il en existe à New-York, formés exclusivement de jeunes filles du monde qu'enlèvent à leur milieu naturel de prétendues obsessions philanthropiques et des aspirations très vagues vers une *plus haute féminité*, le tout, étayé par certains rêves creux d'entreprise personnelle et par la curiosité de vivre en garçons. Enfin, sur le chapitre du suffrage, elles laissent généralement leurs partisans mâles déployer plus de zèle qu'elles n'en montrent elles-mêmes. Quelques-unes, — et de celles que leur supériorité semblerait autoriser aux revendications, — vont jusqu'à se prononcer nettement contre un droit qu'elles jugent inutile ou intempestif. Détail piquant : Mrs Ware, Mrs Léonard, dont un avocat empressé invoquait les noms à l'appui de ses arguments, refusent de faire cause commune avec lui. Elles trouvent l'influence de la femme beaucoup plus efficace sans suffrage et sans situation politique, « parce qu'il est possible ainsi de discuter toutes les grandes questions sur la base de leurs seuls mérites. »

La crainte de se rencontrer dans la vie publique avec un ramassis d'ambitieuses, d'intrigantes et de viragos, politiciennes de l'avenir, qui rivaliseraient de cupidité, de menées basses et tortueuses avec certains politiciens du présent, contribue autant que tout le reste ensemble à cette réserve de bon augure.

Peut-être néanmoins le mouvement ne se laissera-t-il pas toujours contenir, et les plus prudentes finiront-elles par être entraînées bon gré mal gré ; peut-être la Walkyrie perdra-t-elle dans le combat ses armes idéales et sera-t-elle réduite aux coups de poing vulgaires, cette lance de lumière et ce bouclier de justice qu'elle possède aujourd'hui ne trouvant plus leur emploi, si l'égalité proclamée doit supprimer toute chevalerie. Evitons les pronostics. Mon but était simplement, après un assez long séjour en Amérique, de noter quelques grands progrès qui intéressent le monde entier. Ils ont été accomplis sans fracas par la grâce d'un groupe de femmes qu'avec admiration j'ai vues à l'œuvre et trouvées dignes de servir de modèle à toutes les autres.